本书获得国家社会科学基金项目"贸易环境下不确定背景下我国出口稳增长与质量提升对策研究"（19BJY188）和广西哲学社会科学规划项目"中国－东盟农产品虚拟水贸易问题研究"（13FJY009）的资助

中国－东盟
农产品虚拟水贸易

ZHONGGUO-DONGMENG
NONGCHANPIN XUNISHUI MAOYI

韦苏健　著

中国财经出版传媒集团
经济科学出版社
Economic Science Press

图书在版编目（CIP）数据

中国 - 东盟农产品虚拟水贸易 / 韦苏健著 . -- 北京：
经济科学出版社，2021. 11
ISBN 978 - 7 - 5218 - 2505 - 3

Ⅰ.①中…　Ⅱ.①韦…　Ⅲ.①水资源 - 进出口贸易 -
研究 - 中国、东南亚国家联盟　Ⅳ.①F752. 733

中国版本图书馆 CIP 数据核字（2021）第 073166 号

责任编辑：工柳松
责任校对：孙　晨
责任印制：王世伟

中国 - 东盟农产品虚拟水贸易
韦苏健　著
经济科学出版社出版、发行　新华书店经销
社址：北京市海淀区阜成路甲 28 号　邮编：100142
总编部电话：010 - 88191217　发行部电话：010 - 88191522
网址：www. esp. com. cn
电子邮箱：esp_bj@ 163. com
天猫网店：经济科学出版社旗舰店
网址：http://jjkxcbs. tmall. com
北京季蜂印刷有限公司印装
710×1000　16 开　13 印张　200000 字
2021 年 11 月第 1 版　2021 年 11 月第 1 次印刷
ISBN 978 - 7 - 5218 - 2505 - 3　定价：56. 00 元
（图书出现印装问题，本社负责调换。电话：010 - 88191545）
（版权所有　侵权必究　打击盗版　举报热线：010 - 88191661
QQ：2242791300　营销中心电话：010 - 88191537
电子邮箱：dbts@ esp. com. cn）

前　言

　　水是生命之源、生产之要、生态之基，然而，随着社会经济的快速发展，人类活动和气候变化的双重影响使得中国乃至全球出现了一系列水资源相关问题，如水资源短缺、水环境污染、水生态退化等，严重影响人类的健康和人水和谐，是对水资源可持续发展理念的严重挑战。如何缓解水资源短缺等问题，促进新形势下水资源的高效利用和可持续发展，成为人类亟待解决的关键问题。虚拟水概念的提出及虚拟水策略的研究应运而生，突破了"实体水"的局限，从商品和服务中所包含的水资源虚拟水量的角度，寻求人口—产品—贸易循环中水资源重新分配的最优方法，给水资源管理者提供了新的视角，开辟了水资源可持续利用领域中新的研究方向。从虚拟水概念提出以来，虚拟水贸易、虚拟水策略等理论研究迅速发展，引起缺水国家和地区的日益重视，水资源管理部门已开始运用虚拟水相关理论指导水资源管理实践。目前，虚拟水策略已经在一些水资源短缺的国家和地区，如中东地区，得到了一定实际运用。虚拟水策略实质上是将水资源短缺的解决途径扩展到经济社会系统，通过产品的进出口贸易改变国家或地区水资源的供需矛盾，实现水资源重新分配，即将水安全问题转移到粮食安全及社会安全等问题上。

　　虚拟水理论丰富了传统水资源领域研究的内容，是从区别于传统"实体水"的角度研究水资源问题的。传统水安全、水资源承载力等级的研究方法，随着虚拟水理念的提出和发展，有了新的研究方向。水安全问题从20世纪70年代开始研究，至今已有约50年的历史，将虚拟水和水安全结合起来研究则是21世纪初开始的。虚拟水概念的提出，使人们注意到缺水地区的水资源危机可以通过全球性的经济贸易来减缓。在人类生存所需要的水资源中，只有10%必须直接取用，其余90%则是用于粮食生产或其他农业生产，而这部分水资源可以通过贸易获得。不同国家或地区可以通过水密集型产品贸易来达到水资源的重新分配，从而改变一个国家或地区的水安全状况。也就是说，基于虚拟水的水安全评价从传统的供水安全、防洪安全和水质安全研究转向粮食安全、生态安全、经济安全和社会安全范畴。与水安全研究类似，虚拟水理论的发展使水资源承载力的研究对象也从传统的实体水扩展到包括虚拟水在内的评价研究。目前，主要包括基于"绿水"的水资源承载力研究、基于"蓝水"的水资源承载力研究和基于虚拟水的水资源承载力研究，而"绿水"和"蓝水"的概念是在虚拟水概念基础上进行更深层次分类时提出的。

第一章分析了中国与东盟各国的水资源条件，中国－东盟自由贸易区（CAFTA）的发展建设，以及中国与东盟各国的农业和农产品贸易情况，对中国－东盟农产品虚拟水贸易的现实基础进行了简要评述。

第二章探讨中国－东盟农产品虚拟水贸易中水要素的投入和农产品虚拟水贸易之间的关系是否符合比较优势理论且具有理论意义，通过国际交换产品中的水要素含量——虚拟水来验证 H－O－V 模型，从而进一步丰富要素禀赋理论，并分析中国－东盟农产品虚拟水贸易的自由贸易区效应的理论意义。

第三章首先，对比较优势理论进行拓展分析；其次，从 H－O－V 理论的视角对中国－东盟农产品虚拟水贸易进行了经济学解释，尝试通过引入水要素进行多要素投入下的机会成本分析；最后，通过自由贸易区效应的理论模型，分析了中国－东盟农产品虚拟水贸易的自由贸易区效应问题。

第四章从产品和产业两个层面，分别对双边单一农作物虚拟水贸易以及双边农业虚拟水贸易的总量、中国出口量、进口量及净贸易量等指标进行测算，并据此说明了中国－东盟农产品虚拟水贸易的基本情况及其贸易结构，旨在为其后的理论阐析和实证研究提供数据支持。

第五章对中国-东盟农产品虚拟水贸易的影响因素进行了实证研究，通过将CAFTA建立前后的影响情况、水要素禀赋、技术水平以及各成员国的国内生产总值（GDP）、单边政策固定影响、双边政策固定影响、劳动力要素禀赋、土地要素禀赋、农业规模经济等影响因素，作为自变量引入模型进行分析。

第六章利用倍差法以及泊松最大似然估计（PPLM）检验，分析了双边农产品虚拟水贸易的贸易创造效应以及贸易转移效应。同时，还分析了中国-东盟农产品虚拟水贸易对中国农产品进出口贸易、农业产业结构、水安全、粮食安全、生态环境等问题的影响。

第七章根据研究结论提出针对性的政策建议。

通过以上研究，主要取得了五点认识。

第一，中国-东盟开展农产品虚拟水贸易具备现实基础。一方面，中国水资源短缺且水安全问题突出，而东盟大部分国家的水资源相对充裕，其人均水资源比中国的人均水资源丰富，双边农产品贸易与各自的水资源禀赋密切相关，为实施双边农产品虚拟水贸易策略提供了可行性；另一方面，CAFTA的建立与平稳运行，为双边农产品虚拟水贸易策略的有效实施提供了更加开放的市场条件以及重要的政策扶持。

第二，当今，虚拟水贸易已成为在全球范围内节约利用水资源的一种重要途径。虚拟水的量化有助于准确测算生产各种产品以及服务所需要的实际耗水量，为节约产品生产与服务用水、优化产业结构和贸易结构提供了基于虚拟水概念的新思路。首先，运用联合国彭曼公式测算得出的中国-东盟农作物虚拟水贸易量表明，中国从东盟进口的农产品虚拟水主要以大米、木薯及水果等水资源密集型产品为载体，中国出口东盟的农产品虚拟水主要以水果、茶叶、木薯、香料等水资源密集型产品为载体。中国对东盟的农产品虚拟水进口量远远大于出口量，且贸易逆差持续扩大，双边农产品虚拟水贸易的实际状况印证了H-O-V理论模型。中国对东盟农产品虚拟水贸易的出口结构合理，进口结构相对单一。中国从东盟进口水资源密集型农产品较多，水资源要素是双边开展农产品虚拟水贸易及农产品贸易的重要比较优势来源。其次，运用投入产出法测算得出的中国农业虚拟水贸易量表明，近年来，中国对新加坡、菲律宾、柬埔寨和文莱4个东盟国家的农业虚拟水贸易为贸易顺差状况，而与马来西亚、缅甸、越南、印度尼西亚、泰国和老挝6个东盟国家的农业虚拟水贸易均为贸易逆差状况。中国在农业虚拟水进口方面，对东盟的依赖性较强。将中国－东盟农业虚拟水贸易与中国－东盟单一农作物虚拟水贸易的测算结果进行对比可知，中国在双边农业虚拟水贸易中的贸易逆差主要来源于双边农作物虚拟水贸易逆差，而不是来源于双边林牧副渔等产品虚拟水贸易逆差。

第三，利用最小二乘法、固定效应估计以及泊松最大似然估计（PPML）等方法对中国出口东盟农产品虚拟水的影响因素进行检验可知：首先，中国的出口符合农业劳动力资源比较优势，却没有根据农业用地资源比较优势开展；其次，在中国对东盟农产品虚拟水出口中没有显著体现技术进步的作用；再次，中国农业生产的规模效应较小，在中国对东盟农产品虚拟水出口中农产品的产业集群尚未形成规模；最后，在贸易成本及价格因素中，价格上涨对中国出口东盟农产品虚拟水起到积极作用，经济距离与中国出口东盟农产品虚拟水未体现显著的负相关关系，即中国与越南、老挝、缅甸的贸易量没有明显比中国与其他东盟国家的贸易量更多，中国－东盟自由贸易区（CAFTA）的建立对双边农产品虚拟水贸易起到促进作用，而中国加入世界贸易组织（WTO）则对中国出口东盟农产品虚拟水起到负向作用。

第四，利用倍差法和极大似然法对中国－东盟农产品虚拟水的贸易效应进行检验发现，CAFTA的建立促进了中国与东盟国家农产品虚拟水贸易的发展。CAFTA给中国带来了贸易创造效应，而没有以任何贸易转移为代价。CAFTA对中国的净贸易效应为20.3%，对中国从东盟进口的农产品虚拟水量的增长起到明显的推动作用，同时，也使中国的贸易福利得以改善。

第五，中国－东盟农产品虚拟水贸易对于中国的有利影响主要体现在：其一，中国－东盟农产品虚拟水贸易随着双边农产品贸易的扩大而扩大，同时，实施中国－东盟农产品虚拟水贸易策略，将有助于推动中国农业发展与农产品对外贸易的发展；其二，中国从东盟进口的农产品虚拟水量逐年增长，有助于缓解国内人均水资源短缺、水资源时空分布不均、用水资源供需矛盾突出、生产用水与生活用水紧张等问题，同时，提供了水资源迁移、储存和利用的新手段，促进了水资源管理观念的更新和节水意识的强化；其三，中国从东盟净进口的谷物（如大米）及其虚拟水量逐年增加，在有利于优化水资源区域配置、节约农业用水的同时，适当提高水资源密集型的大米等粮食的进口，对国家粮食安全也有着重要意义；其四，实施中国－东盟农产品虚拟水贸易策略，有利于减少国内淡水资源的过度开采，有利于改善水文生态环境的保护状况。

基于以上研究结论，本书提出了针对性的政策建议：高度重视农产品虚拟水贸易策略的水资源节约效应与区域调配效应；高度重视农产品虚拟水贸易策略对于粮食安全的重要意义；进一步合理利用农产品比较优势；进一步优化中国与东盟农产品虚拟水贸易结构；进一步加强 CAFTA 的建设。同时，本书总结了有待进一步研究的问题：进一步提高农产品贸易虚拟水量测算的精确性；深入分析中国－东盟实施农产品虚拟水贸易策略存在的制约因素以及农业经济资源（包括农业人口、劳动力素质、农业基础设施、农业科技水平以及综合服务体系等）对于中国－东盟农产品虚拟水贸易发展的影响效应问题，需要进行理论层面与实践层面的深入研究。

本书在撰写过程中得到了贺培教授的耐心指导，在此，向贺培教授致以最崇高的敬意和最真挚的感谢！此外，感谢林发勤、李立民两位教授对分析方法给予建议。本书涉及跨学科研究，感谢西南大学植物营养学专业的陈亚楠同学以及广西大学刘继栋教授给予的帮助，感谢我的硕士研究生陈彬彬同学在书稿后期对数据的补充和校对。

随着研究工作逐渐深入，我们深刻认识到，虚拟水理论方法的研究及应用是一个极其复杂的研究课题，涉及面非常广泛，本书仅为这方面的进一步深入研究提供借鉴，尚有许多内容需要深入探讨；且限于研究者水平和其他客观条件，书中一定会存在许多不足甚至纰漏，在此恳请专家们批评指正。此外，本书中对于他人的论点和成果都尽量说明，如有不慎遗漏说明的，恳请相关专家谅解。

韦苏健

2021 年 3 月

目　录

第一章 导论

中国作为水资源匮乏的人口大国，农业发展、粮食安全和生态保护关乎民生大计，因而有效地开发利用水资源至关重要，虚拟水贸易策略的实施是一个行之有效的应对之策。近年来，中国与东盟国家间农产品贸易稳步发展，中国从东盟国家进口了大量虚拟水。因此，有必要从理论、实证以及政策环境等视角，深入探究中国－东盟农产品虚拟水贸易（即中国通过与东盟开展农产品贸易而伴随的双边虚拟水进出口）问题，对缓解中国水资源短缺和粮食安全压力、改善生态环境以及优化农产品对外贸易结构具有重要意义。在确定这一选题方向及其研究思路的基础上，需要运用科学的方法对相关问题进行分析论证，以期得出具有重要学术价值和实践意义的研究成果。

第一节 研究背景

一、水资源问题的严重性日益受到全球的高度关注

水是生命之源、生产之要、生态之基。水资源问题是 21 世纪人类面临的主要挑战之一。尽管从水循环的角度看，水资源总量完全可以满足人类需求，但水资源分布的极端不均匀和人口分布的不平衡使得很多国家和地区都存在严重的水资源短缺现象。随着世界人口的增长和社会经济的持续发展，水资源压力会越来越大。

联合国教科文组织和联合国水机制组织于 2012 年 3 月 12 日发布的关于《不稳定及风险情况下的水资源管理》的报告提到，需求日渐增长、

1

城市化加快以及气候变化给全球水资源供应造成很大压力，各国应从根本上转变水资源管理思路，以更好地应对复杂形势。据英国《卫报》（*The Guardian*）报道，全球 500 多位专家于 2013 年 5 月 23 日在德国波恩对各国进行警示，全球水资源很快要达到临界点，也许将引起不可逆转的变化，引致灾难性后果。目前，世界上约有 45 亿人的居所附近的水源处于不健康状态且日渐枯竭。欠发达国家的大部分地区很快将陷入极度缺水状态，而且，缓解缺水问题的余地将十分有限。随着气候变化、污染等问题的加剧以及资源的过度开发，未来两代人将面临极其严峻的缺水问题。[①] 联合国在 2015 年发布的年度报告中指出，地球上的水量足够满足人类需要，但人为浪费会导致水资源短缺。该报告指出，世界各国都存在严重浪费水资源的现象，如果照此趋势发展下去，到 2030 年，全球将有 40% 的国家和地区面临干旱问题。2020 年的《世界水发展报告》（*World Water Development Report*）聚焦"水与气候变化"，提出水安全与气候变化将是未来数十年全球面临的持续而深刻的危机，报告还明确了在气候变化背景下提升水治理水平和水管理水平的挑战和机遇。

水资源问题将是继全球石油危机之后面临的又一次生存危机，成为制约社会经济发展和生态保护的主要因素。如何提高水资源利用效率，平衡区域水资源配置、缓解水资源紧缺矛盾的局面，成为国际水资源问题研究与实践的重要领域。传统的思路大多是从本国或本地区的实体水供需方面寻求解决之道，具有很大的局限性，效果往往不明显。近年来，各国政府机构、非政府组织对淡水问题都给予了高度关注，世界水理事会、全球水伙伴和国际水资源协会等国际组织以及相关学术团体也非常活跃，与水有关的国际性论坛、活动频繁举办，影响很大。早在 1992 年，世界环境与发展大会通过的《21 世纪议程》（*Agenda 21*）的第 18 章针对淡水问题进行了专门论述。由世界水理事会[②]举办的"世界水论坛"是目

---

① 见新华网. news. xinhuanet. com/gongyi/2013－05/29。

② 世界水理事会（WWC）成立于 1996 年，由知名的世界水资源专家和国际组织针对全球日益关注的世界水资源问题而发起。2009 年，中华人民共和国水利部正式加入世界水理事会，2012 年首次以世界水理事会成员的身份参与活动。

前全球规模最大的国际水事活动，从 1997 年起每 3 年举办一次，至 2018 年已举办八届。

二、中国水资源短缺形势十分严峻

与世界其他国家相比，中国的水资源问题十分突出。国务院 2012 年 2 月 16 日发布的《关于实行最严格水资源管理制度的意见》以及 2020 年 7 月发布的《2019 年中国水资源公报》均指出了中国的基本水情及存在的问题。

（一）水资源短缺且人均水资源占有量低

2019 年，中国水资源总量为 29041 亿立方米，[①] 约占全球水资源的 6%，居世界第四位。但人多水少，人均水资源量 2200 立方米，仅为世界人均水资源量的 1/4。[②] 随着人口和经济的快速增长，中国工业用水、农业用水和居民生活用水也大幅度增加。1949 年，全国总用水量仅 1031 亿立方米，而 1979 年达到 4767 亿立方米，增长 4.6 倍。2019 年，全国总用水量已经达到 6021.2 亿立方米。[③] 据预测，2050 年中国国民经济需水将达到峰值，为 7000 亿~8000 亿立方米，已接近水资源的可利用总量（8000 亿~9500 亿立方米）。[④] 更为严重的是，中国城市用水以地表水或地下水为主，一些城市因水资源短缺而过度开采地下水，造成地下水位下降，个别城市甚至形成大漏斗，导致海水倒灌数十千米。

（二）水资源时空分布不均

从中国水资源分布情况来看，南多北少的特征十分明显。其一，中国地域广袤，降雨不均，地域性的水资源分布与需求严重失衡，水资源调配困难重重。2019 年，从水资源分区看，北方 6 区水资源总量为

①③④　中华人民共和国水利部 . 2019 年《中国水资源公报》，https://wenku. baidu. com/ view/f2e8cf7ba4c30c22590102020740be1e640ecc21. html?_wkts_ = 1689133584242。

②　见新华网 . http：//news. xinhuanet. com/energy/2015 – 03/05/。

5610.8亿立方米，比常年值偏少11.6%，占全国的19.3%；南方4区水资源总量为23430.2亿立方米，比常年值偏多0.7%，占全国的80.7%。其二，中国南方地区降雨丰富，河流径流量较高，如长江年径流量为10427.6亿立方米、珠江年径流量为5065.8亿立方米；而北方地区降雨总体少于南方地区，河流径流量也较低，如松花江年径流量为1935.1亿立方米、黄河年径流量为690.2亿立方米、淮河年径流量为328.1亿立方米、海河年径流量为104.5亿立方米，[①]可以看出各江河流域水资源分布极不均衡。其三，水资源时空分布不均匀，使得水资源供需矛盾突出，全国年平均缺水量高达500多亿立方米，近2/3的城市面临缺水问题。其四，局部地区的水土流失问题突出，生态环境严重恶化，在西北干旱地区尤为凸显。生态环境严重恶化，已成为西北地区草场退化、植被死亡、耕地撂荒、地方病较为严重等问题的主要原因。

（三）水生态环境恶化

随着中国工业经济和城镇化的快速发展，水污染问题日益恶化，已经严重影响水生态环境和水资源安全。据国内有关专家测算，目前的污染物需要再削减30%以上，水环境才会有明显改善。部分地区未能充分考虑水资源的特点及其客观规律，水资源开发、利用程度的提高直接引发了干旱地区水文状况的剧烈变化，从而引发了一系列生态环境问题：如河流断流、湖水干枯、泉水资源衰竭；地下水超采、地下水位持续下降；水质恶化；土壤次生盐渍化；土地沙漠化等。在国务院制定的《大气污染防治行动计划》《水污染防治行动计划》《农村环境整治行动计划》三大环保行动计划中，《水污染防治行动计划》的任务尤其艰巨。

（四）农业用水占比高

中国是全球粮食生产大国，农业用水在国民经济中占有较大比例。

---

① 中华人民共和国水利部 . 2019 年《中国水资源公报》，https://wenku.baidu.com/view/f2e8cf7ba4c30c22590102020740be1e640ecc21. html?_wkts_=1689133584242。

2019 年，全国总用水量为 6021 亿立方米。其中，生活用水占总用水量的
14.5%，工业用水占 20.2%，农业用水占 61.2%，生态环境补水占 4.1%。[①]
在农业用水中，90% 用于农田灌溉。《水污染防治行动计划》特别指出，
国内地表水开发严重、地下水超采问题突出，要求甘肃、新疆、河北、
山东、河南等农业用水较大的五省（区），改种耐旱作物和经济林，合理
减少耗水量多的农作物种植面积。[②]

（五）水资源利用方式比较粗放

整体上，中国水资源利用方式、管理方式比较粗放，水资源浪费严
重，农业生产严重挤占生态用水，形成生产用水和生态用水之争。其
一，在工业领域，2014 年，万元工业增加值用水量为 67 立方米，2019
年，这一指标下降为 38.4 立方米，虽然下降明显，但仍是发达国家的
2～3 倍；其二，农田灌溉水利用率不高，随意性较强，存在大漫灌现
象，2019 年，农田灌溉水的有效利用系数是 0.559，比世界先进水平低
0.7～0.8，[③] 农业节水灌溉机制尚不健全，导致水资源短缺与水资源浪
费现象并存；其三，城市自来水管网损失率较高，每年浪费的水资源非
常可观；其四，水循环利用率偏低，废污水尚不能有效回收处理，导致
水污染加重，也加剧了水资源安全危机；其五，农业占据了大部分用水
量，在一定程度上影响了工业发展，造成整体上水资源的低效利用，
在很多缺水地区，水资源已成为制约当地发展的生态"瓶颈"。如果
在水资源开发利用上没有更大的突破与进展，现有水资源将很难支持
未来经济和社会发展的需求，水资源危机可能变成资源问题中最严重
的问题。

---

① 中华人民共和国水利部 . 2019 年《中国水资源公报》，https://wenku. baidu. com/view/
f2e8cf7ba4c30c22590102020740be1e640ecc21. html?_wkts_=1689133584242。
② 水污染防治行动计划，2015 年 4 月 2 日，https://wenku. so. com/d/dc0f9d09bd427332c4e
3b86f3bc48391。
③ 陈忠明 . 2015 年 3 月 31 日国务院新闻发布会，https://www. gov. cn/2015 - 03/30/content_
2840096. htm。

三、实施农产品虚拟水贸易策略有助于缓解中国水资源短缺

虚拟水的概念由英国伦敦大学的东尼·艾伦（Tony Allan，1993）提出，指以虚拟的形式体现出来的商品生产和服务过程中消耗的所有水资源。因此，通过贸易进口货物，实际上也包括进口货物生产过程中所包含的虚拟水，在一定程度上减轻了进口国的水资源压力。长期以来，中国农业用水占总用水量约 62% 以上，这一比例在西北地区等缺水地区甚至达到 80% 以上，农业结构型缺水矛盾突出，中国全部耕地中只有 40% 能够确保灌溉，全国农业缺水量占总缺水量的 80% 以上，每年由此造成的农业损失达 1500 亿元。[①] 权威监测报告显示，近 30 多年来，中国北方地区主要河流径流量总体呈下降趋势，2025 年可能将面临物理性缺水问题。[②] 鉴于此，中国水资源的开发利用方式必须实行战略性转变。除了国家目前正在实施的"南水北调工程"和"天河工程"以外，高度重视农产品虚拟水贸易策略的水资源节约与区域调配效应，合理应用虚拟水贸易策略，也是缓解中国水资源短缺、改善生态环境的一种重要手段。

四、中国与东盟开展农产品虚拟水贸易具有现实基础

从水资源条件来看，中国水资源短缺且水资源问题突出，而东盟国家水资源丰富，双方在水资源禀赋方面的资源互补性比较明显。中国与东盟的经贸往来与文化交融历史悠久。中国－东盟自由贸易区（CAFTA）的建立为中国－东盟经贸合作提供了重要平台，双边农产品贸易稳步发展，贸易规模持续扩大。这些现实情况为中国－东盟开展农产品虚拟水贸易奠定了良好基础。

---

①② 前瞻产业研究院. 2016 ~ 2021 年中国农业机械行业市场前瞻与投资规划分析报告，http://bg. qianzhan. com。

（一）东盟国家的水资源状况

1. 水资源禀赋相对充裕

东盟国家的水资源禀赋，为实施中国－东盟农产品虚拟水贸易策略提供了可行性。其一，大多数东盟国家地势较平坦，相对而言，水资源分布均匀。东盟成员国中有9个国家为临水国家，这些国家的水资源产业对所在国尤其重要，如印度尼西亚拥有面积宽广的热带雨林，是世界第五大水资源国家。东盟国家的农业用水量占总用水量的70%以上，而且，这些国家的水资源污染情况较少。其二，东盟部分国家水电资源比较丰富，如老挝水力发电的电能输出，给国家带来了较大外汇收入。

2019年中国－东盟自由贸易区成员国水资源情况汇总，见表1-1，在中国－东盟自由贸易区（CAFTA）成员国中，虽然2019年中国的淡水抽取总量居于首位，但在人均水资源占有量方面，远远落后于除新加坡以外的其他东盟国家，其中，老挝、文莱、马来西亚以及缅甸人均水资源占有量更达到中国人均水资源占有量的9倍以上；与中国农产品贸易量较大的泰国、越南、印度尼西亚、菲律宾的人均水资源占有量，也达到中国人均水资源占有量的1.5倍以上。在水资源利用方面，除了文莱、马来西亚和新加坡以外的其他东盟国家，农业用水占比均超过65%，体现出作为农业国的基本国情和产业结构状况。

表1-1　2019年中国－东盟自由贸易区成员国水资源情况汇总

指标	中国	印度尼西亚	文莱	新加坡	柬埔寨	泰国	缅甸	老挝	菲律宾	越南	马来西亚
淡水抽取总量（10亿立方米）	2813	2019	9	1	121	225	1003	190	479	359	580
人均水资源（立方米）	2072	8080	20345	111	7968	3350	18832	28125	4868	4006	19517
农业用水占比（%）	62	82	6	4	94	90	89	91	82	95	22

资料来源：笔者根据世界银行网站的相关数据计算整理而得。

2. 水生产率水平差异较大

水生产效率指，每立方米水资源投入的产出，用水生产率指标表示。水生产率根据一国 GDP 与年度水总提取量之比得出。因此，一国的水生产率与一国的经济水平、产业结构、技术水平以及水资源总量紧密相关。1996～2017 年中国－东盟自由贸易区成员国水生产率情况，见表 1－2，东盟国家中新加坡的水生产率最高，2017 年达到 654.00 美元/立方米，此外，文莱与马来西亚的水生产率也高于中国。在水生产率的变化方面，1996～2017 年，CAFTA 成员国中，马来西亚、新加坡和中国的水生产率提高较明显，说明在水资源总量变化不大的情况下，三个国家的技术水平不断提高、产业结构逐渐优化；而其他 CAFTA 成员国的水生产率提高缓慢，主要原因是这些国家的技术水平以及产业结构变化不大。

表 1－2　　1996～2017 年中国－东盟自由贸易区成员国水生产率情况

单位：美元/立方米

年度	世界平均	中国	印度尼西亚	文莱	新加坡	柬埔寨	泰国	缅甸	老挝	菲律宾	越南	马来西亚
1996	18.64	3.22	2.19	110.43	129.21	2.15	4.72	2.15	1.20	1.28	0.72	23.44
1997	18.38	3.36	2.73	111.42	131.36	2.49	4.85	2.59	1.32	1.36	0.82	27.67
1998	16.23	4.54	2.98	116.34	132.77	2.64	4.86	2.64	1.32	1.38	0.83	25.23
1999	16.73	5.34	3.52	117.34	136.49	2.96	4.93	2.86	1.34	1.43	0.91	24.23
2000	16.83	5.93	3.58	117.54	139.43	3.31	4.92	3.31	1.41	1.48	0.95	16.32
2001	17.04	6.21	3.83	119.74	141.39	3.36	5.12	3.16	1.38	1.52	0.98	17.10
2002	17.82	6.29	4.33	122.91	143.14	3.59	5.18	3.39	1.49	1.63	1.01	18.50
2003	19.35	6.54	5.33	124.04	145.39	3.61	5.21	3.61	1.51	1.73	1.02	19.12
2004	21.49	6.84	5.13	125.99	149.32	3.93	5.27	3.83	1.53	1.85	1.05	19.32
2005	22.42	7.32	5.87	127.43	151.10	4.19	5.32	4.19	1.57	2.01	1.09	19.52
2006	23.31	7.94	6.43	126.23	154.38	4.31	5.39	4.31	1.61	2.15	1.15	20.43
2007	25.32	8.23	6.23	128.44	157.23	4.55	5.48	4.55	1.63	2.23	1.19	20.53
2008	21.53	8.79	6.79	128.94	158.37	4.62	5.53	4.62	1.76	2.42	1.32	20.72
2009	22.82	9.14	7.12	129.13	159.23	4.71	5.65	4.71	1.79	2.49	1.53	20.89
2010	19.92	9.42	7.33	129.48	160.59	4.89	5.74	4.89	2.01	2.51	1.63	21.94
2011	18.69	10.32	7.59	129.43	161.36	5.13	5.98	5.13	2.27	2.63	1.64	22.41

续表

年度	世界平均	中国	印度尼西亚	文莱	新加坡	柬埔寨	泰国	缅甸	老挝	菲律宾	越南	马来西亚
2012	18.66	11.84	8.09	130.34	163.83	5.42	6.19	5.42	2.39	2.71	1.69	24.52
2013	18.61	12.36	8.33	132.97	164.93	6.42	6.34	6.42	2.68	2.85	1.75	26.17
2014	18.06	14.85	8.32	134.71	165.19	6.80	6.66	6.80	2.80	3.07	1.77	28.07
2015	18.39	15.29	8.72	135.71	168.33	6.82	6.74	6.82	2.85	3.16	1.93	28.63
2016	19.09	1.28	7.02	140.70	247.00	7.89	7.11	2.21	2.09	3.18	2.07	30.12
2017	20.61	17.14	5.08	147.10	654.00	8.12	7.08	2.21	2.32	3.14	2.12	54.05

资料来源：笔者根据世界银行网站的相关数据计算整理而得。

3. 普遍存在水资源安全问题

虽然整体上东盟的水资源禀赋相对丰裕，但各国普遍存在水资源安全隐患，对生态环境造成威胁。如新加坡自然淡水资源缺乏；泰国旱灾和雨涝并存。这些问题的主要原因有四点：一是地域条件不良而导致的局部水资源短缺；二是随着东盟工业经济的快速发展，工业废弃物没有得到有效处理，水体被污染，导致了许多其他问题；三是经济发展需要较多原材料，对林木的乱砍滥伐使得土地涵养水源功能丧失，导致水资源的流失；四是自然灾害，如洪涝、泥石流、干旱等时常发生，严重破坏水资源。

（二）中国－东盟自由贸易区建设与双边农产品贸易稳步发展

基于地缘特征与人文环境，中国与东盟的经贸往来历史悠久且发展良好。2002 年 11 月《中国－东盟全面经济合作框架协议》的签订，标志着中国－东盟自由贸易区（CAFTA）建设的正式启动，极大地促进了中国与东盟的经贸往来，双边贸易额不断攀升。2004 年，中国与东盟的贸易额为 1058.67 亿美元。[①] 2020 年，双边贸易额已达 6846 亿美元，东盟首次成为中国第一大贸易伙伴，同时，中国也是东盟的最大贸易伙伴。

---

① 资料来源：中国经济网 . http：//district. ce. cn/zg/201204/09/t20120409_ 23225125. sht-ml；人民网 . http：//finance. people. com. cn/n/2012/0921/c70846 - 19077622. html.

在农产品贸易领域，中国 – 东盟农产品贸易"早期收获计划"（early harvest program）于 2004 年 1 月 1 日启动。当时，中国 – 东盟农产品贸易总额为 58.32 亿美元，占中国农产品贸易总额的 11.4%。2010 年，CAFTA 正式建成，中国与东盟成员国间超过 90% 的产品实行零关税政策。2011 年，东盟上升为中国的第二大农产品贸易伙伴。[①] 双边农产品贸易总额在 2019 年已达到 389.23 亿美元，占 2019 年中国农产品进出口总额的 17.0%，而 2004~2019 年 16 年间，中国 – 东盟农产品贸易总额年均增长 13.5%，东盟是中国农产品进出口的主要区域之一。[②]

中国 – 东盟关税削减时间，见表 1 – 3，到 2006 年，中国与东盟 10 国的大部分农产品关税降至零；到 2010 年，中国与原东盟 6 国（菲律宾、印度尼西亚、新加坡、文莱、马来西亚和泰国）的全部农产品实行零关税（部分敏感品除外），与越南、老挝、柬埔寨、缅甸 4 国在 2015 年对全部农产品（部分敏感品除外）实行零关税。中国提出的关税减免敏感商品中的农产品包括大米、天然橡胶以及棕榈油，东盟 10 国提出的关税减免敏感商品中的农产品主要是橡胶制品。

表 1 –3　　　　　　　　中国 – 东盟关税削减时间

起始时间	关税税率	覆盖关税条目	参与国家
2000 年	对东盟成员国 0~5%	85% 的 CEPT 条目	原东盟 6 国
2002 年 1 月 1 日	对东盟成员国 0~5%	全部 CEPT 条目	原东盟 6 国
2003 年 7 月 1 日	WTO 最惠国关税税率	全部 CEPT 条目	中国与东盟 10 国
2003 年 10 月 1 日	中泰果蔬关税降至 0	中泰水果蔬菜	中国、泰国
2004 年 1 月 1 日	农产品关税开始下调	农产品	中国与东盟 10 国
2005 年 1 月 1 日	对东盟成员国开始削减关税	全部	中国与东盟 10 国
2006 年	大部分农产品关税降至 0	农产品	中国与东盟 10 国
2010 年	对原东盟 6 国零关税	全部减税产品	原东盟 6 国
2010 年	关税降至 0	全部农产品（部分敏感品除外）	中国与原东盟 6 国

① 资料来源：中国经济网. http://district. ce. cn/zg/201204/09/t20120409_ 23225125. shtml；人民网. http://finance. people. com. cn/n/2012/0921/c70846 – 19077622. html.
② 资料来源：笔者根据中华人民共和国商务部. 《中国农产品进出口统计月报（2004 ~ 2019）》的相关数据整理而得。

起始时间	关税税率	覆盖关税条目	参与国家
2015 年	对新东盟成员国（越南、老挝、柬埔寨、缅甸）零关税	全部农产品（部分敏感品除外）	越南、老挝、柬埔寨、缅甸 4 国
2018 年	关税削减至 5% 以下	一般敏感产品	中国和原东盟 6 国
2018 年	对华零关税	正常产品	中国和原东盟 6 国
2020 年	对华关税削减至 5% 以下	一般敏感产品	中国和原东盟 6 国

资料来源：笔者根据中国 – 东盟中心网站，http://asean-China-center.org. 的相关资料整理而得。

2004 年至今，中国 – 东盟农产品贸易体现出五个特点：第一，中国与东盟农产品进出口额增长迅速，但中国农产品的贸易逆差也日益扩大；第二，中国出口东盟的农产品目的地较为分散，而进口来源地则主要集中于印度尼西亚、马来西亚和泰国，近年来，菲律宾和越南的农产品市场总额增长较快；第三，中国出口东盟的农产品多为劳动密集型产品，而进口的主要是水资源密集型产品以及土地密集型产品；第四，中国向东盟出口的农产品种类多元化，2004 ~ 2020 年，中国对东盟出口的前十位农产品种类占双边农产品总出口的比例变化；第五，中国从东盟进口的农产品种类较集中。2004 ~ 2014 年，中国历年的农产品出口集中度指数（均值 0.00973）均小于进口集中度指数（均值 0.01932），[①] 即出口结构相对多元化，进口结构集中度较高。2020 年中国 – 东盟农产品贸易情况，见表 1 – 4；2018 ~ 2020 年中国从东盟进口主要农产品的数量变化和金额变化，见表 1 – 5，2018 ~ 2020 年中国在大米、木薯、部分水果、天然橡胶以及棕榈油等的进口方面，对东盟国家的依赖很强。在中国对东盟出口的农产品中，占中国农产品总出口的比重达 45% 以上的主要为大蒜、干香菇、马铃薯、鲜苹果、柑橘以及鲜梨等果蔬类农产品。

表 1 – 4　　　　　2020 年中国 – 东盟农产品贸易情况

种类	中国出口东盟（亿美元）	占双边农产品出口总额比（%）	中国从东盟进口（亿美元）	占双边农产品进口总额比（%）
第 1 章，活动物	16.64	2.96	0.98	0.12

① 郑晶，潘苏，张智彪，张金华. 中国 – 东盟自由贸易区农产品贸易格局分析 [J]. 华南农业大学学报（社会科学版），2015，14（3）：123 – 131.

种类	中国出口东盟（亿美元）	占双边农产品出口总额比（%）	中国从东盟进口（亿美元）	占双边农产品进口总额比（%）
第2章，肉及食用杂碎	33.27	5.92	11.41	1.38
第3章，鱼、甲壳动物、软体动物及其他水生无脊椎动物	53.53	9.52	68.48	8.30
第4章，乳品；蛋品；天然蜂蜜；其他食用动物产品	41.23	7.33	9.95	1.21
第5章，其他动物产品	6.14	1.09	1.39	0.17
第6章，活树及其他活植物；鳞茎、根及类似品；插花及装饰用簇叶	1.88	0.33	2.63	0.32
第7章，食用蔬菜、根及块茎	52.54	9.34	13.53	1.64
第8章，食用水果及坚果；柑橘属水果或甜瓜的果皮	67.37	11.98	101.02	12.25
第9章，咖啡、茶、马黛茶及调味香料	12.57	2.24	25.81	3.13
第10章，谷物	64.40	11.45	51.35	6.23
第11章，制粉工业产品；麦芽；淀粉；菊粉；面筋	11.39	2.03	15.48	1.88
第12章，含油子仁及果实；杂项子仁及果实；工业用或药用植物；稻草、秸秆及饲料	11.96	2.13	7.56	0.92
第13章，虫胶；树胶、树脂及其他植物液、汁	2.18	0.39	1.99	0.24
第14章，编结用植物材料；其他植物产品	0.20	0.04	2.20	0.27
第15章，动、植物油、脂及其分解产品；精制的食用油脂；动、植物蜡	11.02	1.96	200.85	24.35
第16章，肉、鱼、甲壳动物、软体动物及其他水生无脊椎动物的制品	15.81	2.81	70.65	8.57

续表

种类	中国出口东盟（亿美元）	占双边农产品出口总额比（%）	中国从东盟进口（亿美元）	占双边农产品进口总额比（%）
第17章，糖及糖食	10.70	1.90	11.04	1.34
第18章，可可及可可制品	4.46	0.79	22.15	2.69
第19章，谷物、粮食粉、淀粉或乳制品；糕饼点心	13.13	2.33	37.70	4.57
第20章，蔬菜、水果、坚果或植物其他部分的制品	17.06	3.03	26.12	3.17
第21章，杂项食品	37.67	6.70	80.23	9.73
第22章，饮料、酒及醋	31.84	5.66	11.91	1.44
第23章，食品工业的残渣及废料；配制的动物饲料	35.99	6.40	35.97	4.36
第24章，烟草、烟草及烟草代用品的制品	9.43	1.68	14.41	1.75

资料来源：笔者根据联合国商品贸易统计数据库（http://comtrade.un.org）的相关数据计算整理而得。

表1-5　　2018～2020年中国从东盟进口主要农产品的数量变化和金额变化

产品	2018年 数量（万吨）	2018年 金额（亿美元）	2019年 数量（万吨）	2019年 金额（亿美元）	2020年 数量（万吨）	2020年 金额（亿美元）
大米	236.84	14.40	245.11	12.28	278.53	14.40
木薯	168.80	11.31	95.67	6.41	117.01	7.84
香蕉	11.76	7.41	2.14	1.35	11.49	7.24
榴莲	41.19	10.95	60.47	16.04	57.56	23.02
火龙果	51.07	3.96	43.55	3.61	61.82	5.52
天然橡胶	2.79	35.55	2.52	32.31	2.21	28.18
棕榈油	42.97	33.95	51.92	41.02	52.08	41.15

资料来源：笔者根据联合国商品贸易统计数据库（http://comtrade.un.org）的相关数据计算整理而得。

五、相关领域研究有待进一步拓展

20世纪初，中国引入虚拟水概念，相关研究仅限于对概念的解释、定性论述以及较为简单的定量分析等层面。因此，迫切需要在以下五个方面开展深入研究。

第一，虚拟水贸易影响因素问题。虚拟水贸易因其投入要素的特殊性及稀缺性，其影响因素除了具有贸易的共性以外，也有其特殊性。影响虚拟水贸易的因素是多元而复杂的，既要考察水要素条件，又要考虑产业特征、生态条件、生产技术、政策环境以及区域一体化等多个因素。因此，对虚拟水贸易影响因素的探讨有助于多视角、深入挖掘导致虚拟水贸易的动因，从而有益于更好地解释现实中国际贸易出现的一些新现象及其带来的变化，更客观地考察虚拟水贸易对于区域和行业的适用性与有效性。

第二，农产品贸易是带动国际虚拟水贸易的重要载体之一，但目前针对区域经济一体化框架下的农产品虚拟水贸易的考察论证还很少。此外，因为农业用水主要来源于江、河等淡水水源，且一些重要的江、河流经多国（地区），所以，基于中国与部分东盟国家（其中，泰国、越南是中国大米进口的主要来源地）淡水流域资源共享的自然条件，并结合CAFTA的平台与政策作用，考察并深入研究双边农产品虚拟水贸易显然更具现实性和可行性。

第三，一些学者已经分别采用不同方法对农产品、工业制成品及服务中的虚拟水含量进行了测算。在农产品虚拟水测算领域，大多数学者均只采用一种测算方法，或者在进行虚拟水贸易影响因素分析时笼统地用农产品贸易量来替代农产品虚拟水贸易量。显然，这样的测算分析结果不够准确。各国的农产品生产技术及产品加工程度不同，在测算时应对农产品进行分类，如初级农作物和加工程度较低的农产品，可采用联合国粮农组织推荐的彭曼公式进行虚拟水量测算，原因在于此类农产品的产量和耗水量多是由地理条件和气候条件决定的；而加工程度较高的农产品，可采用投入产出法进行虚拟水量测算，原因在于这些产品的耗水量还涉及生产中投入的水资源量。

第四，从比较优势理论诞生至今，其始终是指导对外贸易政策的最基本原则。面对新的经济环境与贸易环境，比较优势理论的追随者们不断推进、完善该理论。传统比较优势理论的拓展研究一般从放松基本假设条件开始，比如，从两要素生产投入假设到多要素生产投入假设，从技术无差异假设到技术差异假设等，放松假设条件后的相关研究与现实情况更相符，能更好地解释现实中的贸易现象。因此，结合农业和农产品生产的实际情况考察关键水要素的作用以及水生产效率的影响，对衡量一国农业的比较优势来说非常必要，因而具有重要的研究价值。

第五，虚拟水贸易策略的实施不仅有正效应，也有负效应，大量进口他国水资源密集型农产品虽然缓解了水危机，但也会威胁进口国的粮食安全，因此，虚拟水贸易策略实施的补偿机制需要同步探讨。此外，开展虚拟水贸易不仅可以按照比较优势理论进行产业间分工，还可以进行产业内分工、产品内分工，从而有助于在产业平衡和产业优化基础上，更有效地实施双边、多边的虚拟水贸易策略。

第二节　研究价值及研究意义

一、学术价值

第一，经济学界对于虚拟水及虚拟水贸易的探讨和研究起步较晚，到目前为止，对于虚拟水国际贸易的研究有限，相关中文文献数量不多。因此，对于农产品虚拟水贸易的学术探讨，有助于加强学术界对这一问题的关注，不断地推进虚拟水贸易领域的学术研究，以期获得突破性成果。此外，关于自由贸易区框架下虚拟水贸易的研究甚少，中国－东盟自由贸易区农产品虚拟水贸易的理论研究和实证研究基本空白，本书为拓展这一领域的研究提供了新的视角。

第二，农产品贸易具有不同于其他产品贸易的诸多特质，因此，从理论视角来看，农产品国际贸易理论具有很大的研究拓展空间。对于本书涉及的虚拟水贸易理论依据的探讨，从分析农产品虚拟水贸易比较优势入手，将虚拟水纳入生产要素体系，与非水资源要素共同纳入对农产品虚拟水贸易比较优势的观察和衡量，旨在为充实和完善相关理论研究提供新的思考路径与验证途径。

第三，农产品虚拟水要素体现了生产技术和资源禀赋的结合。一方面，农产品虚拟水生产要素与农产品的产量相关联；另一方面，农产品生产取决于地域、地理、气候以及水资源等诸多自然条件的共同作用。本书基于上述特点，在分别测算了中国－东盟单一农作物虚拟水贸易量（狭义层面）和中国－东盟农业虚拟水贸易量（广义层面）的基础上，对于双边开展农产品虚拟水贸易的影响因素以及 CAFTA 的影响效应进行了较深入的阐释与论证，并提出了具有一定学术价值的研究结论与建议。

第四，农产品虚拟水贸易策略实施的有效性，与贸易伙伴国的地理条件、资源禀赋、农业发展情况和农产品贸易结构等具有密切关联。因此，在区域经济一体化框架下，农产品虚拟水贸易的自由贸易区效应，应是相关研究的一个重点。尤其是在中国与东盟国家间的政治、经贸、文化等层面的合作日趋紧密的大背景下，探讨 CAFTA 的建立与发展对于双边农产品虚拟水贸易的影响效应具有较高的学术价值。

二、实践意义

本书以中国－东盟农产品虚拟水贸易为研究对象，研究成果具有一定的现实意义。

（一）政治层面

第一，在当前错综复杂的地缘政治和国际博弈的形势下，CAFTA 是保证地区政治稳定的重要力量，因而需要进一步加快中国－东盟区域经济一体化进程，拓展并深化区域合作。有效开展中国－东盟农产品虚拟水贸易，是双边国家基于地缘政治现状开展经贸合作的一个重要途径，对于推进各国的经济建设、农业及农产品贸易发展、生态环境保护，维护粮食安全与地区稳定具有重要的现实意义。

第二，在中国"一带一路"倡议规划中，越南、马来西亚以及印度尼西亚等东盟国家是"21世纪海上丝绸之路"航线的必经之地，也是CAFTA建设的重点地区。在进一步加强CAFTA建设的基础上，加强双边农产品贸易和农产品虚拟水贸易合作，既是落实"一带一路"倡议的重要内容，又有助于加强成员国间的经贸联系，从而促进地区政治的稳定发展。2015年底，东盟共同体正式成立，中国与东盟也将形成新型合作关系。

（二）经济层面

鉴于此，积极开展中国 - 东盟农产品虚拟水贸易，将有助于协调各国的水资源配置，推动农业生产合作。此外，中国是人口大国，农业发展关乎民生大计。中国与东盟国家开展农产品虚拟水贸易，不仅可以通过虚拟水的净进口而获取贸易利得，还有助于解决生产生活用水供需矛盾，缓解粮食安全压力，有助于生态保护。

（三）社会发展层面

中国与东盟国家均为发展中经济体，除经济问题外，更多关注的是就业、资源合理配置、食品安全及卫生安全、生态环境质量等重大社会民生问题。通过开展中国 - 东盟农产品虚拟水贸易，除了可以实现贸易经济利益的交换之外，还有助于上述民生问题的解决。

（四）应用价值层面

本书在肯定中国 - 东盟农产品虚拟水贸易策略有效性的基础上，提出农产品贸易分工和农业产业调整的相关建议，同时，强调农业生产的"量水而行"。在产品层面，中国应继续巩固、扩大与东盟国家的农产品虚拟水贸易；分散大米虚拟水进口国别，中国应积极推进与缅甸、老挝的农产品虚拟水贸易，增加除大米、水果以外的其他水资源密集型农产品的进口；加大对东盟国家出口非水资源密集型产品的力度。在产业层面，应加快发展中国农业规模经济，扩大中国－东盟双边农业产业内贸易，改善双边农产品贸易结构，提高农产品虚拟水贸易载体产品的技术附加值。

第三节　本书研究的主要问题、主要内容、研究思路与研究方法

一、研究探讨的主要问题

第一，开展中国－东盟农产品虚拟水贸易的现实基础即可行性如何？本书第一章，分析了中国与东盟各国的水资源条件，CAFTA 的发展建设，以及中国与东盟各国的农业情况和农产品贸易情况，对中国－东盟农产品虚拟水贸易的现实基础进行了简要评述。

第二，本书第二章，对中国－东盟农产品虚拟水贸易进行文献综述。

第三，如何将水要素引入比较优势理论，进行比较成本分析？如何通过国际交换产品中的水要素含量——虚拟水量来验证 H－O－V 模型，从而进一步丰富要素禀赋理论？中国－东盟农产品虚拟水贸易的自由贸易区效应理论意义如何？本书第三章首先，对比较优势理论进行了拓展分析；其次，从 H－O－V 理论的视角对中国－东盟农产品虚拟水贸易进行了经济学解释，尝试通过引入水要素进行多要素投入下的机会成本分析；最后，通过自由贸易区效应理论模型，分析了中国－东盟农产品虚拟水贸易的自由贸易区效应问题。

第四，测算中国－东盟农产品虚拟水贸易量的方法和指标有哪些？本书第四章从产品层面和产业层面，分别对双边单一农作物虚拟水贸易量以及双边农业虚拟水贸易总量，中国出口量、进口量及净贸易量等指标进行测算，并据此说明了中国－东盟农产品虚拟水贸易的基本情况及贸易结构，旨在为其后的理论阐析和实证研究提供数据支持。

第五，影响中国－东盟农产品虚拟水贸易的主要因素有哪些？本书第五章对这一问题进行了实证研究，通过将 CAFTA 建立前后的影响情况、水要素禀赋、技术水平以及各成员国的 GDP、单边政策固定影响、双边政策固定影响、劳动力要素禀赋、土地要素禀赋、农业规模经济等影响因素作为自变量引入模型进行分析。

第六，中国－东盟农产品虚拟水贸易对中国的影响如何？本书第六章利用倍差法以及 PPLM 检验，分析了双边农产品虚拟水贸易的贸易创造效应以及贸易转移效应。同时，还分析了中国－东盟农产品虚拟水贸易对中国农产品进出口贸易、农业产业结构、水安全、粮食安全、生态环境等问题的影响。

第七，如何有效实施中国－东盟农产品虚拟水贸易策略？本书第七章，根据研究结论提出了针对性的政策建议。

二、研究的主要内容

基于选题背景及其拟研究探讨的问题，本书的研究内容大致分为七章。

第一章，导论。重点综述选题研究的背景情况，提出了需要论证的重要问题，阐明了本书的学术价值和实践意义，梳理了研究的主要内容、思路与方法，并提出了本书可能的创新之处与不足。

第二章，文献综述。从虚拟水贸易的基本范畴、相关理论研究及应用研究三个方面综述国内外的研究成果。在基本范畴方面，对虚拟水、虚拟水贸易及虚拟水贸易策略进行了综述与阐释；在理论研究方面，重点从比较优势理论、资源替代理论、资源流动理论以及自由贸易区理论与虚拟水贸易的联系等方面进行了文献综述；在应用性研究方面，重点从虚拟水贸易与粮食安全和水资源利用、虚拟水贸易与环境问题、一国区域间虚拟水贸易、国家（地区）间虚拟水贸易，以及中国虚拟水贸易策略等角度进行了系统的文献阐述。

第三章，中国－东盟农产品虚拟水贸易的理论分析。在对比较优势理论进行拓展研究的基础上，尝试引入水要素进行机会成本分析；从 H－O－

V 理论视角，对中国 - 东盟农产品虚拟水贸易进行经济学解释；从区域经济一体化理论的视角对中国 - 东盟农产品虚拟水贸易进行研究，试图说明中国 - 东盟农产品虚拟水贸易对中国产生的贸易效应及其他福利。

第四章，中国 - 东盟农产品虚拟水贸易量测算。采用联合国粮农组织推荐的彭曼公式和投入产出法，分别对中国 - 东盟单一农作物虚拟水贸易量和农业虚拟水贸易总量进行测算。测算得出双边单一农作物虚拟水贸易以及双边农业虚拟水贸易总量，中国的出口量、进口量及净贸易量等指标。这些指标不仅反映了中国的水资源状况，同时，也反映了中国通过农产品贸易显示出的对东盟水资源的依赖程度，以及中国 - 东盟农产品贸易中的虚拟水要素含量、净流出量或净流入量，为本书后面的理论研究与实证分析提供数据支持。

第五章，中国对东盟出口农产品虚拟水的影响因素。对中国 - 东盟农产品虚拟水贸易的影响因素进行实证分析。对经济规模、经济距离、农业劳动力资源禀赋差异、农业用地资源禀赋差异、水资源禀赋差异、技术水平差异、农业产业规模差异、市场价格水平差异、CAFTA 建立、中国加入世贸组织等影响因素进行实证分析，运用最小二乘法、固定效应以及泊松极大似然估计进行检验，得出实证分析结果及其含义。

第六章，中国 - 东盟农产品虚拟水贸易的自由贸易区效应及对中国的影响。利用不同的样本通过倍差法以及泊松极大似然估计检验中国 - 东盟农产品虚拟水贸易的自由贸易区效应，具体说明在 CAFTA 框架下中国 - 东盟农产品虚拟水贸易给中国带来的贸易创造效应以及贸易转移效应。此外，论述了双边农产品虚拟水贸易对中国农产品贸易、农业产业结构、水安全、粮食安全以及生态环境等问题的影响。

第七章，结论与建议。总结全书结论，并提出针对性的政策与建议。

三、研究思路

本书有四条研究思路。

第一，依据本书的研究背景，在对中国 - 东盟农产品虚拟水贸易文献进行整理与综述的基础上，展开对中国－东盟农产品虚拟水贸易的理论研究。首先，通过对比较优势理论的拓展分析，从理论上说明水资源要素禀赋对贸易国农产品生产比较优势的影响；其次，从 H－O－V 理论的视角，对中国－东盟农产品虚拟水贸易进行解释；最后，从 FTA 的贸易静态、贸易动态及社会福利效应的角度，对中国－东盟农产品虚拟水贸易量进行分析与说明。

第二，利用联合国粮农组织推荐的彭曼公式以及区域水资源投入产出分析方法，分别测算中国－东盟单一农作物虚拟水贸易量以及中国－东盟农业虚拟水贸易总量，旨在说明中国－东盟农产品虚拟水贸易的基本情况及贸易结构，并为本书的实证研究提供数据支持。

第三，基于上述理论分析和中国－东盟农产品虚拟水贸易量测算结果，进行实证研究。首先，分别利用最小二乘法、固定效应估计以及 PPML 法检验水要素禀赋、水生产率、CAFTA 以及其他因素对中国－东盟农产品虚拟水贸易的影响；其次，通过倍差法以及 PPML 法分析中国－东盟农产品虚拟水贸易的自由贸易区效应；最后，重点阐释了中国－东盟农产品虚拟水贸易对中国的主要影响。

第四，在文献综述、理论分析以及实证研究的基础上，得出研究结论，并据此提出针对性的政策建议。

本书研究思路框架，如图 1－1 所示。

四、研究方法

第一，本书结合直接考察和间接考察及综合分析，利用规范与实证的研究方法，形成了具体思路和基本理论观点；结合定性研究、统计方法以及相应的数学模型，对统计数据进行定量分析，从而提高研究成果的科学性。

第二，本书在理论分析与实证分析相结合的基础上，充分利用归纳与演绎、综合分析、一般统计描述以及比较分析等研究方法。在文献综述部分，主要采用归纳与演绎的方法对文献进行研究性综述。在理论研究部分，基于比较优势理论，运用 H－O－V 模型以及贸易国生产可能性曲线分析了要素禀赋中的水要素投入与贸易的关系，以及中国－东盟农产品虚拟水贸易的自由贸易区效应。在实证研究部分，运用联合国粮农组织推荐的彭曼公式以及投入产出分析方法，分别对中国－东盟单一农作物虚拟水贸易量以及中国－东盟农业虚拟水贸易总量进行测算。在中国－东盟农产品虚拟水贸易的影响因素以及自由贸易区效应实证研究方面，主要运用截面数据回归与面板数据回归的方法，具体有：最小二乘法、固定效应估计、倍差法、PPLM 等。

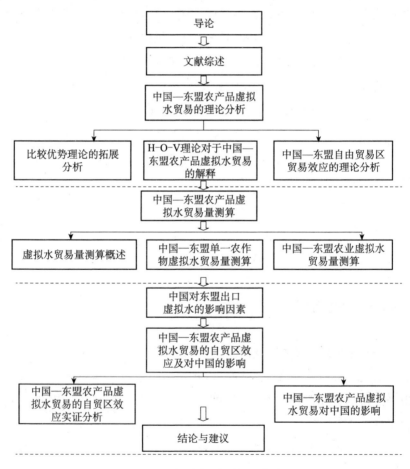

图 1 - 1　本书研究思路框架

资料来源：笔者绘制。

在研究中国－东盟农产品虚拟水贸易的产业结构、区域经济和环境的影响效应时，运用了归纳演绎、一般统计描述以及比较分析方法进行论证。

第四节　研究的创新之处与不足

一、研究的创新之处

本书可能的创新之处主要有以下三个方面。

（一）研究视角方面

与既有的从两国间视角或一国内视角研究农产品虚拟水贸易的思路不同，本书以区域经济一体化框架下的中国－东盟农产品虚拟水贸易为分析对象，从 CAFTA 的视角探究成员国间的农产品虚拟水贸易问题，试图观察与论证 CAFTA 成员国间开展农产品虚拟水贸易的条件、特点、影响因素及自由贸易区效应作用等。将区域经济、农产品国际贸易、水资源可持续发展以及粮食安全等重要经济问题与社会问题结合起来，为区域经济增长、农业发展及农产品结构调整、水安全以及粮食安全等现实课题提供了理论依据和政策建议。

（二）理论分析方面

第一，本书在对既有文献的虚拟水贸易理论分析基础上，进一步展开对比较优势理论、H－O－V 理论与自由贸易区效应的理论分析，作为区域经济一体化组织的农产品虚拟水贸易的理论基础。

第二，本书把水要素引入比较优势理论框架，进而分析了中国－东盟农产品虚拟水贸易的机会成本，探讨了水要素禀赋丰裕度与中国－东盟农产品虚拟水贸易的关系，以及中国－东盟农产品虚拟水贸易策略的实施条件。研究发现，在技术差异较小的 CAFTA 成员国间，水要素禀赋是一国农产品虚拟水贸易比较优势的来源，农产品虚拟水贸易策略的实施具有可行性和有效性；相反，在技术差异较大的 CAFTA 成员国间，水要素禀赋不再成为一国开展农产品虚拟水贸易的主要比较优势，农产品虚拟水贸易策略实施的可行性与有效性减弱。

第三，本书利用测算得出的中国－东盟农产品虚拟水贸易量对 H－O－V 理论进行了验证，为该理论提供了一些新的现实依据。验证结果表明，水要素相对丰裕的东盟国家，通过向中国出口水要素密集型农产品输出了大量虚拟水。

第四，本书在区域经济一体化理论基础上，论证了中国－东盟农产品虚拟水贸易的自由贸易区效应，研究发现，从理论上看，中国与东盟国家开展农产品虚拟水贸易给中国带来了贸易创造效应，同时，产生的贸易转移效应不明显。

（三）实证研究方法方面

第一，在农产品虚拟水贸易测算方面，本书从产品和产业两个不同层面进行了测算和对比分析，更好地阐释了农业产业及农产品虚拟水贸易的国际分工情况。利用联合国粮农组织推荐的彭曼公式测算中国－东盟单一农作物虚拟水贸易量的结果表明，中国－东盟农产品虚拟水贸易交换的农产品主要为水资源密集型农产品，且中国从东盟净进口大量水资源密集型产品。利用投入产出法测算得出的中国－东盟农业虚拟水贸易量的结果表明，无论是双边单一农作物虚拟水贸易量还是双边农业虚拟水贸易总量，中国均呈现出大量且持续增长的贸易逆差。

第二，将水生产率以及水资源差异等变量运用于中国对东盟农产品虚拟水出口模型。在引力模型中，引入了水生产率、水资源差异等自变量，用以考察中国与东盟各国的水资源禀赋，以及水生产效率对中国出口东盟农产品虚拟水的影响，以此解释要素禀赋和技术差异对贸易的影响。结果表明，中国与东盟某国的水资源禀赋差异与中国对东盟农产品虚拟水的出口呈正相关且影响显著，而技术差异与中国对东盟农产品虚拟水的出口虽然也呈正相关但影响不显著。

第三，本书通过对不同样本进行比较，利用倍差法以及泊松极大似然估计对中国－东盟农产品虚拟水贸易的自由贸易区效应进行分析。结果表明，中国与东盟开展农产品虚拟水贸易给中国带来较显著的贸易创造效应，而贸易转移效应不明显，与理论模型的分析结果一致。

二、研究存在的不足

第一，在理论分析方面，本书虽然在相关文献和理论的基础上进行了验证和拓展分析，但关于自由贸易区效应特别是福利效应的分析不够深入和系统。而且，数据的局限性导致没有分析中国－东盟开展农产品虚拟水贸易对东盟国家产生的效应问题，该问题有待进一步论述。

第二，本书在分析农产品生产技术对中国－东盟虚拟水贸易的影响时，因为可选的指标有限，仅通过农作物单位面积产量、产业规模以及水生产率等指标进行实证检验，所以，对于这一因素的影响研究带来了局限性。

第三，本书在利用联合国粮农组织推荐的彭曼公式测算中国－东盟单一农作物虚拟水贸易量时，CROPWAT 8.0 测算软件中包含的农作物种类有限，因此，只能根据软件所提供的农作物种类进行测算，这在一定程度上影响了中国－东盟单一农作物虚拟水贸易量的精确性。

第四，在分析中国－东盟农产品虚拟水贸易对中国的农业、农产品、粮食安全、水资源安全以及生态环境的影响时，本书主要采取了一般统计性分析和定性分析，因此，在研究方法上有待进一步改进，以使相关结论获得更有力的证据支持。

第二章　文献综述

本章重点从虚拟水贸易基本范畴、虚拟水贸易相关理论研究以及应用性研究等不同视角，对相关文献进行了梳理与综述，旨在为中国－东盟农产品虚拟水贸易的研究提供借鉴。

第一节　虚拟水贸易基本范畴研究的文献综述

一、虚拟水

（一）虚拟水概念的提出

虚拟水（virtual water）也被称为嵌入水（embedded water）和外生水（exogenous water）。1993 年，托尼·艾伦（Tony Allan）首次提出了虚拟水的概念，主要是指，生产农产品所需要的水，1996 年，进一步扩大了虚拟水概念的内涵，几乎所有生产活动都需要水。虚拟水伴随着人类贸易活动而存在，其历史如同贸易历史一样悠久，且随着贸易量的增长，转移的虚拟水量持续增多。

（二）虚拟水的基本特征

虚拟水的基本特征主要体现在三方面：第一，非真实性，虚拟水非实体水，以"虚拟"形式内含于产品和服务中；第二，社会交易性，如果没有产品贸易、服务贸易，虚拟水就不存在，通过商品贸易实现；第三，转移的便捷性，虚拟水内含于可转移交易的商品中，方便运输。因而，虚拟水成为缓解水资源压力的一种有效途径。

（三）虚拟水概念与内涵的拓展研究

虚拟水概念问世以来，有关虚拟水概念与内涵的研究不断涌现。如查帕加纳·A. K. 等（Chapagain A. K. et al.，2004）将虚拟水分为绿虚拟水、蓝虚拟水和稀释虚拟水。随着工业生产和服务业对水资源消耗量的增加，虚拟水的概念范围也从农产品扩展到所有商品，并且，分为淡水虚拟水和污水虚拟水（Dao Guan and Klaus Hubacek，2006）。研究者对虚拟水的概念和作用的认识不断加深，关于虚拟水的研究方向也在不断扩展。从水量到水质，水资源保护到环境保护和生态保护的研究，均受到学者们的关注。虽然中国有关虚拟水的研究还处于起步阶段，但该研究已得到理论界的关注，并成为探讨水资源可持续利用以及粮食安全的热点问题。

二、虚拟水贸易概念以及虚拟水贸易策略

（一）虚拟水贸易概念

虚拟水贸易是指，一个国家（地区）通过商品贸易形式，从另一个国家（地区）购买水资源密集型产品，从而输入（虚拟水）水资源，实现节约本国或本地区水资源的目的。通过这种方式，虚拟水贸易为贫水国提供了一种经济有效的水资源供给途径，缓解了进口国（地区）的水资源压力。在早期贸易中，虚拟水贸易主要集中在农产品贸易上，原因在于粮食中的虚拟水含量较高。很多学者将虚拟水贸易与粮食安全联系起来（Allan，1994；Marum，2003）。查帕加纳和霍克斯特拉等（Chapa-gain and Hoekstra et al.，2003）研究了全球贸易所产生的水节约问题，并研究了相关的测算方法。日本的西拉·朱尔（Sirajul Islam，2007）通过计算得出，虚拟水贸易减缓了中东、北部非洲、撒哈拉沙漠周边大部分居民的水资源压力。胡巴切克和冯（Hubacekc and Feng，2012）基于消费视角研究了中国黄河流域的水足迹和虚拟水流动情况，通过比较黄河流域城市和乡村的水足迹发现，城市家庭消费的虚拟水是乡村家庭消费

虚拟水的 2 倍以上，原因在于，城市家庭消费的食品、服装和电力等产品较多，其内含丰富的水资源。罗莎·杜阿尔特（Rosa Duarte，2014）研究了全球化对水资源消费的影响，研究表明，全球化影响下因贸易扩大所带来水资源压力越来越大，虚拟水贸易也逐渐增加。杜阿尔特（2016）研究发现，欧洲和亚洲均主要净进口虚拟水，缺水地区借助虚拟水贸易实现了水资源的有效配置。王伯允（2021）以制度分析为主线，研究中国主要区域虚拟水贸易政策，初步提出区域虚拟水贸易战略，对破解水资源短缺的难题和进一步有效利用水资源具有指导意义。

学者从不同角度对虚拟水贸易进行了研究。马静（2004）认为，虚拟水贸易体现了一国水资源的丰富程度，但也与当地的气候条件和技术情况有关。霍克斯特拉（Hoekstra，2006）研究了虚拟水贸易与中国粮食安全的相关性，认为虚拟水战略在保障地区水安全方面应发挥重要作用。周姣和史安娜（2008）研究了中国华北地区虚拟水贸易，研究发现，华北地区一方面，开展水资源调入工程；另一方面，又存在严重的虚拟水资源流出，说明华北地区缓解水资源压力的根本措施不仅在于调水，而且要减少水资源大量"外调"。王春月和李锋（2013）进行了虚拟水国际贸易博弈分析，指出国际贸易与水资源存在博弈均衡差异及收益互补性，虚拟水贸易的实施会使双方获益，因此，将两者结合在一起，要比单纯解决水资源问题更有效。张雄化（2015）研究了水资源利用效率与虚拟水国际贸易的关系，指出粮食生产所需的蓝水①利用效率越高，大豆的虚拟水净进口量和大米的虚拟水净进口量将越多，而玉米的虚拟水净进口量和小麦虚拟水净进口量将越少。

（二）虚拟水贸易策略

虚拟水贸易策略是指，贫水国家（地区）以贸易方式从富水国家（地区）购买水密集型农产品（特别是粮食），在获得粮食的同时也节约本国（地区）水资源的一种主动性安排。这一战略提倡出口高效益的水

---

① 全球总降水的 35% 储存于河流、湖泊以及含水层中，称为蓝水。

资源商品，进口水资源密集型粮食产品。如 2001 年南非对赞比亚出口了
9000 吨玉米，从虚拟水贸易策略角度来看，实则出口了 0.108 亿吨水；
另外，每年中东地区靠粮食补贴进口农产品，实则间接地购买了大量虚
拟水，购买的虚拟水数量已等同于每年尼罗河注入埃及的水量。①

目前，关于虚拟水贸易策略的研究主要有以下两方面。

一是水安全与虚拟水贸易策略的相关性研究。王雪妮（2013）研究
了基于区域间投入产出模型的中国虚拟水贸易格局及趋势，指出中国水
资源分布严重不均，加剧了水危机的可能，因此，将虚拟水贸易战略运
用在中国的区域间贸易，为缓解贫水地区的水资源短缺提供了理论思路。
随着中国的区域间贸易量逐渐增长，各区域不同部门的完全用水系数以
及直接用水系数均下降，但拉动系数呈增长趋势，各区域不同部门的贸
易调整趋势和区域虚拟水贸易格局变化，都不利于缓解因分布不均带来
的水资源短缺问题。杨雪等（2021）通过测算中国粮油虚拟水进出口量，
估算粮油虚拟水贸易对农业用水的贡献率，肯定了中国实施农产品虚拟
水贸易战略有助于缓解农业用水短缺问题。

二是虚拟水贸易策略对水资源管理、生态和经济的影响研究。秦丽
杰、邱红和陶国芳（2006）指出，中国作为农业生产大国，应加强虚拟
水研究，通过虚拟水贸易减轻水资源压力，应采取调整进出口粮食比例，
减少水资源密集型产品出口，合理调整粮食生产区域布局。例如，李吉
玫等（2008）分析了虚拟水贸易战略在不同情景下对塔里木河流域生态
环境和水资源所产生的影响，认为虚拟水贸易战略的有效实施，有利于
节约水资源并使天然植被得以恢复，改善塔里木河流域的生态环境。张
启楠（2018）通过分析 2006 年和 2015 年中国粮食虚拟水流动情况，评
估了其对水资源和区域经济的影响。奇尼等（2021）将能源虚拟水估算
值与国际贸易数据配对，创建了一个虚拟水国际贸易网络，促进了对全
球水资源管理的分析。卓拉等（2020）以作物生产水足迹和虚拟水流动
为表征参数，量化 2000~2014 年黄河流域主要农作物实体水—虚拟水耦

① 资料来源：秦丽杰，邱红，陶国芳．粮食贸易与水资源安全［J］．世界地理研究，
2006，15（1）：44-49.

合流动的关键过程及时空演变。该文献从人口、社会经济、农业发展和居民消费 4 方面，扩展运用可拓展的随机性环境影响评估（stochastic impacts by regression on population, affluence and technolog）模型辨识关键社会经济驱动因子，研究结果表明，中国的黄河流域农作物单产水平增加有效降低了农作物单产水足迹，进而有效地控制了农作物生产总水足迹的规模；随着小麦、玉米和苹果等农作物输出，流域农作物虚拟水流动规模显著增加，2014 年，流域虚拟水总输出量占流域农作物生产耗水量的 41%，人口和人均 GDP 对农作物生产水足迹和虚拟水进出口量均起到促进作用。

三、虚拟水量的测算方法

（一）单一农作物产品虚拟水含量的测算

基于农产品的不同分类，虚拟水含量的测算也有所差别。霍克斯特拉和艾伦 J. A.（1998）研究了农作物虚拟水贸易的量化方法，以产品进出口量与相应作物的需水量相乘求和得出虚拟水流量，其中，以产品生产地的产品用水量来计算农产品虚拟水含量，而具体到每种农作物所需水量的计算时，则使用作物系数修正后的农作物蒸发量、蒸腾量。单一农作物产品虚拟水含量的计算公式为：

$$V_{cn} = \frac{W_{cn}}{Y_{cn}} \qquad (2-1)$$

在式（2-1）中，V_{cn} 为区域 n 作物 c 单位重量的虚拟水含量（m^3/t）；W_{cn} 为区域 n 作物 c 的需水量（m^3/hm^2），由累计生长期内作物蒸发水量和蒸腾水量 ET_0（mm/天）而得；Y_{cn} 为区域 n 作物 c 的产量（t/hm^2）。作物需水量通常指，作物在生长发育过程中蒸发、蒸腾而消耗的水资源量，通常采用联合国粮农组织（FAO）推荐的彭曼公式来计算。一般情况下，作物需水量的影响因素主要有：作物的类型、气象条件、种植时间、土壤条件等。农作物蒸发、蒸腾所消耗的水量 ET_c 采用参考作物需水量 ET_0（mm/天）乘以作物系数 K_c 进行计算，即：

$$ET_c = K_c \times ET_0 \qquad (2-2)$$

在式（2-2）中，K_c 为作物系数，主要反映实际作物与参考作物表面植被覆盖与空气动力学阻力以及生理特征与物理特征的差异，通常以土壤表面反射率、作物高度、覆盖层阻力和土壤蒸发四个区别于参考作物（草）特征的综合指标反映。ET_0 通常参考适当的气象资料，按照彭曼公式进行计算：

$$ET_0 = \frac{0.408\Delta\ (R_n - G)\ + \gamma 900/\ (T+273)\ U_2\ (e_a - e_d)}{\Delta + \gamma\ (1+0.34\ U_2)} \qquad (2-3)$$

在式（2-3）中，R_n 表示作物表面的净辐射量（MJ/m^2·天）；G 表示土壤热流量（MJ/m^2·天）；T 表示平均气温（℃）；U_2 表示离地面两米高处的风速（m/S）；e_a 表示饱和状态下的蒸汽压力（kPa）；e_d 表示实际蒸汽压力（kPa）；$e_a - e_d$ 表示蒸汽压力差异（kPa）；Δ 表示蒸汽压力曲线斜率（kPa/℃）；γ 表示干湿度常量（kPa/℃）。

中文文献曹建廷等（2004）对农畜产品中虚拟水含量的测算方法进行了总结。杨春和韩正清（2016）分析了中国农产品虚拟水战略发展现状，从生产、消费、贸易三方面进行量化研究，概述了水资源在中国农产品中的配置结构及其发展变化情况。研究结果表明，2002～2011 年，中国农产品在生产及消费中消耗了大量水资源，虚拟水贸易战略的实施在一定程度上促进了水资源的节约；生产耗水量排在前三位的农产品是稻谷、水果和玉米，属于水资源稀缺型商品，其生产在中国具有比较优势，而大豆、植物油等水资源密集型商品的生产量较少，大部分需要从国外进口，外贸依赖度较高；城乡居民的虚拟水消费量差距正逐渐缩小，消费范围也更加趋于多样化。

（二）基于水资源投入产出分析的区域产业虚拟水含量测算

1. 流出/流入单位价值产品或服务的虚拟水量

因为流出/流入产品或服务的虚拟水含量测算，均是以某一特定区域为研究对象，所以，在测算流出产品以及流出服务的虚拟水量时，往往采用生产地标准，而测算流入产品或者流入服务的虚拟水量时，则采用消费地标准。这意味着，无论流出还是流入的产品和服务，其虚拟水含量测算中的一切系数均采用所研究区域的数据。流出/流入单位价值产品或服务的虚拟水量的计算公式为：

$$\overline{vw}\,[n,\,t,\,j] = \sum_{i=1}^{n} h_{nti}\, l_{ntij} \qquad (2-4)$$

在式（2-4）中，$\overline{vw}\,[n,\,t,\,j]$ 为 t 时期流出区域/流入区域 n 的 j 产业单位价值产品或服务的虚拟水含量；h_{nti} 为 t 时期区域 n 产业 i 的直接虚拟水含量系数；l_{ntij} 为 t 时期区域 n 里昂惕夫逆阵 $(I-A)^{-1}$ 第 i 行第 j 列元素。

2. 区域虚拟水贸易量测算

（1）虚拟水流出总量。t 时期区域 n 流出的虚拟水总量为该时期各产业流出虚拟水量之和，即先用各产业单位价值产品或服务的虚拟水量乘以对应的流出量，然后，将各产业流出虚拟水量进行汇总，用公式表示为：

$$GVWO\,[n,\,t] = \sum_{j=1}^{n} VWO\,[n,\,t,\,j] = \sum_{j=1}^{n}\sum_{i=1}^{n} h_{nti}\, l_{ntij}\, Y_{ntj} \quad (2-5)$$

在式（2-5）中，$GVWO\,[n,\,t]$ 为 t 时期区域 n 流出的虚拟水总量；$VWO\,[n,\,t,\,j]$ 为 t 时期区域 n 伴随产业 j 产品流出和服务流出的虚拟水量；Y_{ntj} 为 t 时期区域 n 产业 j 产品流出和服务流出的价值；其他符号的意义，同式（2-4）。

（2）虚拟水流入总量。t 时期流入区域 n 的虚拟水总量为该时期各产业流入虚拟水量之和，计算方法与流出虚拟水总量的计算方法相似，用公式表示为：

$$GVWI\,[n,\,t] = \sum_{j=1}^{n} VWI\,[n,\,t,\,j] = \sum_{j=1}^{n}\sum_{i=1}^{n} h_{nti}\, l_{ntij}\, Y_{ntji} \quad (2-6)$$

在式（2-6）中，$GVWI\,[n,\,t]$ 为 t 时期流入区域 n 的虚拟水总量；$VWI\,[n,\,t,\,j]$ 为 t 时期区域 n 伴随产业 j 产品流入和服务流入的虚拟水量；Y_{ntji} 为 t 时期流入区域 n 的产业 j 产品流入和服务流入的价值。

（3）虚拟水净流入量。t 时期区域 n 虚拟水净流入量等于虚拟水流入总量减去虚拟水流出总量，t 时期区域 n 净流入量计算公式为：

$$\text{NVWI}[n, t] = \text{GVWI}[n, t] - \text{GVWO}[n, t] \qquad (2-7)$$

3. 区域虚拟水贸易评价指标

（1）区域虚拟水进口依存度。区域虚拟水进口依存度反映某一区域依靠区域外水资源（通过进口虚拟水的方式）程度的大小。用虚拟水净流入量与该区域所利用水资源总量（包括本区域实体水和净流入的虚拟水）的比值表示：

$$\text{WD} = \begin{cases} \dfrac{\text{NVWI}}{\text{WU} + \text{NVWI}} \times 100 & \text{当 NVWI} \geq 0 \text{ 时} \\ 0 & \text{当 NVWI} < 0 \text{ 时} \end{cases} \qquad (2-8)$$

在式（2-8）中，WD 为区域虚拟水进口依存度，WU 为区域一年所利用当地实体水资源总量（m^3/a）。WD 介于 0～100% 区间，WD 为零时，表明该区域虚拟水流入总量与虚拟水流出总量持平（即 NVWI[n, t] =0），或者表明该区域为虚拟水净流出区域（即 NVWI[n, t] <0）。

（2）区域水资源自给度。相应地，区域水资源自给度定义为：

$$\text{WSS} = \begin{cases} \dfrac{\text{WU}}{\text{WU} + \text{NVWI}} \times 100 & \text{当 NVWI} \geq 0 \text{ 时} \\ 0 & \text{当 NVWI} < 0 \text{ 时} \end{cases} \qquad (2-9)$$

区域虚拟水进口依存度与水资源自给度的关系为：

$$\text{WSS} = 100 - \text{WD} \qquad (2-10)$$

在式（2-10）中，区域水资源自给度 WSS 表示某一区域为本地区产品和服务生产提供水资源的程度，自给度等于 100%，表示产品和服务生产所需的全部水资源均由本区域提供；区域水资源自给度接近于 0，表示一个区域严重依赖于虚拟水进口。

部分国外学者关于虚拟水贸易的理论研究及实证研究，见表 2-1。

表 2-1　部分国外学者关于虚拟水贸易的理论研究及实证研究

年份	作者	研究对象	研究结论
1994	艾伦·J. A.（Allan J. A.）	粮食安全与虚拟水	虚拟水贸易是贫水国（地区）缓解水资源压力的有效途径

年份	作者	研究对象	研究结论
1998	霍克斯特拉和艾伦·J. A.（Hoekstra and Allan J. A.）	农作物国际贸易的虚拟水流量的量化测算方法	全球农产品贸易极大地缓解了全球水资源分布不均的问题
1998	卡什纳斯和特顿（Karshenas and Turton）	调适能力理论与水资源短缺	虚拟水贸易中体现出的调适能力在中东地区和南非地区发挥了重要作用
1999	奥尔森（Ohlsson）	调适能力与虚拟水贸易	对未来水资源的保障和需求量的预测有利于确保一国水政策的制定和实行
2000	赫尔曼（Herman）	水资源短缺和虚拟水贸易	通过进口食物和电力，水资源短缺国家可以较好地节约本国水资源
2002	哈达丁（Haddadin）	约旦粮食虚拟水测量	约旦外来水（虚拟水）占据干旱半干旱地区可用水资源总量的很大一部分比重
2002	马鲁姆（Maroum）	黎巴嫩水资源短缺与粮食进口	黎巴嫩通过粮食进口缓解水资源短缺问题
2003	丹尼斯（Dennis）	埃及粮食安全与农业产品进口	埃及通过进口农业产品来实现粮食安全
2003	伊尔乐和特顿（Earle and Turton）	南部非洲发展共同体（SADC）成员国之间的虚拟水贸易	正面临水短缺和粮食危机的国家，进行虚拟水贸易是一种正确的战略，并提出了一系列指标用于评判各国对虚拟水的依赖
2003	兰特（Lant）	比较优势理论与虚拟水贸易	虚拟水贸易体现经济地理基本原则的实际应用
2005	齐默和雷诺（Zimmer and Renault）	食品虚拟水贸易与全球贸易问题研究	全球 2000 年虚拟水贸易总量为 1340 亿立方米
2006	A. Y. 霍克斯特拉（A. Y. Hoekstra）	虚拟水贸易与中国粮食安全的相关性	虚拟水贸易战略可用于跨流域调水的补充，在保障地区水安全方面发挥重要作用
2007	西拉朱尔和伊思兰（Sirajul and Islam）	水资源安全与虚拟水	通过进口虚拟水，中东、北部非洲、撒哈拉沙漠周边的大部分居民减轻了水资源压力
2013	彼得·德巴瑞（Peter Debaere）	水与国际贸易的联系	水资源成为一国比较优势的来源之一

续表

年份	作者	研究对象	研究结论
2014	罗莎·杜阿尔特 （Rosa Duarte）	全球化对水资源消费的影响	全球化背景下因贸易扩大而带来的水消费问题
2015	克拉克、萨林和卓·L. （Clark，Sarlin and Zhuo L.）	增长的虚拟水进口依存度	利用自组织时间模型测算个别国家或一组国家的虚拟水贸易
2016	麦康宁和霍克斯特拉 （Mekonnen and Hoekstra）	中国的生产、消费、贸易和气候对国内虚拟水贸易的影响	经济决策和政府决策而不是水资源影响了国内虚拟水贸易，不利于缓解水资源压力
2017	卢克雷齐亚、保罗、皮尔路易吉和费德里卡 （Lucrezia，Paolo，Pierluigi and Federica）	意大利与中国贸易的十大农产品的双边虚拟水流量	对比前10位农产品相关的虚拟水流量，意大利出口到中国的虚拟水流量大于相反方向的虚拟水流量。而且，虚拟水流量的构成不同，意大利从中国进口大量灰水
2018	玛丽·J.贝尔特兰和乔戈斯·卡利斯 （María J. Beltrán and Giorgos Kallis）	如何通过代谢生态过程来维持和组织	虚拟水的政治生态学方法为当前强调虚拟水文献中的技术管理提供了理论依据，阐明了虚拟水流的控制与政治经济权力巩固之间的联系
2019	苏珊·加西亚和阿方索·梅加 （Susana Garcia and Alfonso Mejia）	次国家虚拟水流动的驱动因素	存在不同于已知物理边界的水文经济边界，如流域和含水层，这样的界限可能对制定基于消费的水可持续性战略有所启示
2020	阿卜杜拉希·J.、埃尔基兰·G.和阿斯拉诺娃·F. （Abdullahi J.，Elkiran G. and Aslanova F.）	2013年，尼日利亚半干旱地区25种不同农作物生产所需的虚拟水量	在尼日利亚半干旱地区种植作物时，使用绿水率较高的古绍（Cu-sau）地区更可取，这将造成生产成本降低和水资源匮乏
2021	卡蒂亚·苏帕拉纳、慕克吉和阿纳米卡 （Katyaini Suparana，Mukherjee and Anamika）	虚拟水流动概念在印度等缺水经济体向水安全转型中的作用	虚拟水流动概念体现了水－食物的联系，尤其与印度等发展中国家和新兴经济体应对水资源短缺和碎片化环境治理体系挑战的可持续密切相关

资料来源：笔者根据 Elsevier SDOL，http：//www.sciencedirect.com/的相关内容整理而得。

四、小结

首先，从1993年托尼·艾伦提出虚拟水概念以来，虚拟水研究得到了大力拓展和挖掘。

比如，农业虚拟水、单一农作物虚拟水、农产品虚拟水等基本概念相继出现并具有不同的特定含义，对这些基本概念进行科学界定，有助于从不同层面、视角研究论证农产品虚拟水贸易的动因、影响效应与实施途径。

其次，从虚拟水的测算方法来看，目前，主要有彭曼公式测算方法和投入产出法，前者多用于测算单一农作物虚拟水量，后者则用于测算各产业虚拟水总量。

从测算方法的局限性来看，彭曼公式测算方法只能对部分农作物的虚拟水量进行测算，测算的产品类别有限，测算公式所使用的联合国CROPWAT 软件中的农作物种类有待扩展，对农作物各种生长指标的数据库亦有待进一步更新。而投入产出法只适用于测算各产业的虚拟水量，在数据可支撑的情况下也可测算部门虚拟水量，但很难精确测算具体产品的虚拟水量。因此，产品虚拟水的测算方法仍有待创新。为了更好地进行中国－东盟农产品虚拟水贸易的理论分析与实证分析，获取准确、细致的单一农作物虚拟水贸易量和农业虚拟水贸易量至关重要，因此，本书将尝试完善既有测算方法，进一步扩充农产品虚拟水的测算种类。

第二节　虚拟水贸易相关理论的文献综述

一、比较优势理论

（一）从要素禀赋角度对比较优势进行研究

1. 理论研究方面

1919 年，赫克歇尔（Heckscher）在《对外贸易对收入分配的影响》（*The Effect of Foreign Trade on The Distribution of Income*）一书中，讨论了要素禀赋差异在确定比较优势和国际贸易中的重要作用。1933 年，赫克歇尔的学生俄林（Ohlin）出版的《区域贸易和国际贸易》（*Interregional and International Trade*）一书中，继承、发展了赫克歇尔的要素禀赋思想，创立了 H－O 定理。H－O 定理指出，各国要素禀赋不同是产生国际贸易的根本原因，一国应该出口密集使用本国相对充裕要素的产品，进口密集使用本国相对稀缺要素的产品。根据 H－O 定理的要素禀赋差异产生比较优势的思路，瓦内克（Vanek，1968）提出了要素含量的 H－O－V 模型。瓦内克以"贸易中的商品所包含的要素服务"代替了"贸易中的商品"，认为"某一要素禀赋相对丰裕的国家会成为该要素的净出口国和另一种要素的净进口国。"这样，人们不需要界定国家的相对要素丰裕度和产品的相对要素密集度，就可以直接把 H－O－V 模型推广到 m（商品）×n（要素）的情形。罗马里斯（Romalis，2004）模型结合了多国连续产品 H－O 模型和克鲁格曼（Krugman，1980）规模经济和产品差异驱动的产业内贸易模型，在罗马里斯的模型中，规模经济是产生国际贸易的第二个因素，并且，模型增加了冰山运输成本的考虑，运输成本将会产生偏离于要素价格均等的生产结构和贸易结构。罗马里斯模型推出了两个预测，即准 H－O 预测和准罗伯津斯基（Rybczynski）预测，且两个预测都得到了经验证据的支持。一国（地区）密集使用其丰裕要素的商品，将获得更大的世界生产份额和贸易份额（准 H－O 预测），对美国双边贸易数据的检验支持了这一基本预测，即拥有熟练劳动力和资本丰裕的国家密集使用这些要素的产业，在美国进口产品中获得了更大份额；某种要素快速积累的国家，将使生产结构和出口结构向密集使用该要素的产业发生系统转移（准罗伯津斯基预测），东亚新兴经济发展的实践支持了该预测。

2. 要素禀赋理论的综合检验

第一，基于国家间产品构成差异的考虑，对于 H－O－V 模型的新近检验更多地重视国际技术差异。现实中，两国（地区）间的产品集合是有差异的，因此，需要在研究中作出有针对性的分析。德巴瑞和德米罗格卢（Debaere and Demiroglu，2003）从生产方面实证考察了 H－O 模型。该文献通过对发达国家、发展中国家的数据进行检验，发现两者间的要素禀赋差异比较显著；而对发达国家间的数据检验结果却不太一样，两个发达国家间的熟练劳动力禀赋与非熟练劳动力禀赋较为相似，说明即便是世界范围内的要素禀赋存在巨大差异，也不能确保国家间生产相同的产品集。肖特（Schott，2001）检验了 H－O－V 模型，假设国家（地区）之间要素禀赋差异足够大，这些国家专业化生产最适合自身要素禀赋的产品集，同时，考虑要素积累的影响，研究证实了 H－O 模型的专业化模式。

第二，H－O－V 模型的双边检验，基本的 H－O－V 模型侧重于从单个国家要素禀赋的角度研究要素对贸易模型的影响，通过商品贸易，资本要素丰裕国家（地区）净输出资本服务要素，劳动要素丰裕国家（地区）净输出劳动服务要素。但是，发达国家与发展中国家的要素内容和要素质量是不同的。因此，许多实证研究分析双边贸易与双边要素禀赋差异之间的联系（Staiger et al.，1987；Brecher and Choudhri，1988；Hakura，1995），这种分析方法便于比较双边的要素禀赋和贸易要素，并得出符合 H－O－V 模型基本预测的实证结果。崔和克里希纳（Choi and Krishna，2004）使用 OECD 国家的数据检验了贸易流中的要素问题，研究表明，资本要素丰裕国家的出口比劳动要素相对丰裕国家的出口有更高的资本劳动比率。聂晶（2014）利用拓展的 H－O－V 模型，研究了基于要素结构的亚洲区域内国际贸易，认为亚洲区域保持现有贸易结构的主要动因是各经济体的要素结构差异。

第三，技术差异的影响，国家（地区）间相同技术的苛刻假定，是 H－O－V 模型预测结果与实证检验结果不尽一致的重要原因。在里昂惕夫（Leontief，1953）之后，有关要素方面的实证研究更多地考虑了国家间技术差异影响的结果，试图为 H－O－V 模型提供实证支持。特雷弗勒（Trefler，1995）再次对 H－O－V 模型进行分析，引入希克斯中性要素生产率调整系数，方法上加以改进得到了支持 H－O－V 模型的结果。赖和朱（Lai and Zhu，2007）分析了把双边贸易的要素内容与技术和要素禀赋相联系的约束规则，利用 41 个发达国家和发展中国家的数据进行了检验，检验结果支持了 H－O－V 模型关于要素内容的预测。列夫琴科和张

（Levchenko and Zhang，2011）建立了一个多部门李嘉图（Ricardo）模型，利用 75 个国家 50 年内产业层面的生产数据和贸易数据，考察了发展中国家、发达国家产业层面的生产率随时间发生的变化，结果表明，在两个国家集团间，最初不具比较优势的部门生产率普遍增长更快，生产率的不均衡增长弱化了各自的比较优势。李文秀和姚洋（2015）关于要素比例、技术差异与出口增加值的研究表明，高技能劳动力和资本的要素密集度、要素丰裕度以及相对生产率对中国出口增加值都具有正向的促进作用；高技能劳动力的要素比例对出口增加值的影响显著，但资本要素比例对出口增加值的影响不显著；要素比例对不同产业出口增加值的促进作用，也存在显著差别。

（二）从规模经济角度对比较优势进行研究

哈伯勒（Haberler，1937）用固定的机会成本代替了劳动生产率，引入了机会成本的概念，认为生产的成本取决于生产一单位产品所花费的其他产品的数量，并运用向外突出的生产可能性边界描述生产成本递增。迪克西特和斯蒂格利茨（Dixit and Stiglitz，1977）也引入规模经济来分析比较优势，即 DS 模型。该文献认为，即使两国的初始条件完全相同，没有大卫·李嘉图所说的外生比较优势，但如果存在规模经济，则两国可以选择不同的专业，从而产生内生的绝对优势。经济学界比较认可的观点是，赫尔普曼和克鲁格曼（Helpman and Krugman，1985）最先引入规模经济来分析比较优势。该文献发现了一个基于自由进入和平均成本定价的垄断竞争模型，认为规模报酬和市场规模内生决定了产品数目的多样性。在封闭经济条件下，一个国家生产的产品种类比较少，而进行自由贸易则会增加可供选择的产品种类。假如随着贸易消费者的需求弹性增加，也会改进单个厂商的规模效率，改进后的单个厂商有可能在国际市场上确立比较优势。此后，泰布特（Tybout，1993）进一步总结并集中论述了递增性内部规模收益产生比较优势的情况。

（三）从技术差异角度对比较优势进行研究

马库森和斯文森（Makusen and Svenson，1991）在规模不变的前提下，假设两国的资源配置比例和需求偏好相同，产品生产需要两种以上要素投入，如果两国在生产技术上有某种差异，劳动生产率就会不同；在两国贸易中，各国都会出口要素生产率相对高的产品，获取自由贸易利益。此后，戴维斯（Davis，1996）认为，即使在规模报酬不变和完全竞争的市场条件下，技术上的差异也会引起同行业产品之间的贸易。以上大多数是发达国家间的技术差异导致了比较优势，再把比较优势延伸到发展中国家，多勒尔（Dollar，1993）等认为，发展中国家并不居于技术创新的前沿，但是，技术进步对这些国家的经济增长和比较优势的演进具有重要作用，即多勒尔强调发展中国家的长期比较优势来源于技术进步。列夫琴科和张（Levchenko and Zhang，2011）建立了一个多部门李嘉图（Ricardo）模型，利用 75 个国家 50 年内产业层面的生产数据和贸易数据，考察了发展中国家产业层面和发达国家产业层面的生产率随时间发生的变化，结果表明，在两个国家集团间，最初不具有比较优势的部门生产率普遍增长更快，生产率的不均衡增长弱化了各自的比较优势。当相对生产率差异成为国际贸易的源泉时，技术进步的福利效应取决于其发生在哪个国家的哪个部门，不均衡技术进步的模式实际上存在降低贸易国福利的可能性。

（四）比较优势理论与虚拟水贸易的联系

比较优势理论是以亚当·斯密的绝对成本论为基础，以大卫·李嘉图的比较成本论为核心，经赫克歇尔 – 俄林的要素禀赋论的补充和完善而形成的一个完整的理论体系。该理论认为，各国（区域）在要素禀赋上存在差异，使得生产投入要素的价格也存在差异，进而导致生产成本和产品价格的差异，从而解释国际或区域比较优势的差异。区域间虚拟水流动是与区域间贸易相伴而生的，因此，作为国际贸易基本理论，比较优势理论从水资源角度必然也反映和揭示了虚拟水贸易的发生动力和发生机制。虚拟水与虚拟水贸易的经济学依据，正是国际贸易理论中的比较优势理论。在讨论虚拟水与虚拟水贸易策略时，许多文献提到了水资源的机会成本和比较优势理论，艾伦（Allen，1996）认为，虚拟水是对比较优势理论的衍生，维切伦斯（Wichelns，2003）认为，虚拟水特别强调水资源，是对比较优势理论的具体应用。兰特（Lant，2003）则指出，虚拟水贸易体现了经济地理基本原则的具体应用。但也有学者指出，虚拟水贸易和比较优势理论是有差别的，如丹尼斯·维肯斯（Dennis Wichelns，2003）认为，虚拟水贸易的这种比喻式说法强调了资源禀赋，但是，没有突出生产技术和机会成本。因此，虚拟水贸易与比较优势的概念不完全相同，虚拟水与虚拟水贸易的思想在激发政府思考、提高稀缺资源利用效率的政策选择方面是大有帮助的，但是，应该正确评价比较优势以决定最佳的生产政策和贸易政策。刘宝勤等（2006）指出，虚拟水贸易战略理论都是基于农业科学角度，而其也可以从经济学角度研究生产用水所具有的多种机会成本。张雄化（2015）分析了水资源利用效率与虚拟水国际贸易的关系，认为粮食生产的蓝水利用效率越高，越有利于小麦、玉米虚拟水净进口量的减少，同时，也有利于大米、大豆虚拟水净进口量的增加；粮食生产的蓝水利用的生态效率和环境效率较低，虚拟水出口较少的区域生态效率较高，虚拟水进口较多的区域环境效率较低。

二、区域经济一体化及协调发展理论

（一）区域经济一体化理论

1. 区域经济一体化的传统理论：古典经济学和关税同盟理论

19世纪，古典经济学家已详细探讨过某些优惠贸易条约对贸易活动的影响。亚当·斯密（Adam Smith）、大卫·李嘉图（David Ricardo）和麦卡洛克（McCulloch）先后论述过关税互惠条款对两国福利的影响，即两国间的关税互惠可能使两国都获利，也可能使两国都遭受损失，这是国际经济一体化理论形成的思想基础。美国经济学家威尼（Vine，1950）提出了关税同盟理论，认为关税同盟对成员国和非成员国带来了不同的经济效应，即静态效应和动态效应。静态效应指，贸易创造效应和贸易转移效应；动态效应指，规模经济效应、竞争强化效应、投资扩大效应和技术进步效应等。贸易创造效应具有福利改善的作用，贸易转移效应则具有福利恶化的作用，关税同盟的总效应取决于两者的对比。米德（Meade，1955）提出了高效率关税同盟成员的贸易扩张效应，认为威尼的贸易创造效应和贸易转移效应都是针对低效率成员的，而对于高效率成员是不适用的。约翰逊（Johnsom，1965）扩充了威尼的贸易创造效应，认为低效率成员国国内市场上的产品价格会随着高效率成员国的低价产品的大量进入而下降，消费者剩余增加，生产者福利减少，贸易创造效应是生产效应和消费效应二者之和。利普西（Lipsey，1960）根据商品的替代性，分析了贸易转移不一定会减少福利。米德等（Meade et al.，1955）建立了一个三产品一般均衡模型（3×3 模型），加入商品之间的替代性和互补性，对关税同盟问题进行了分析。巴拉萨（Balassa，1964）把经济一体化效应从一体化内部扩展到外部，认为关税同盟的建立也促进了非成员生产效率的提高。1984 年，英国学者罗伯逊（Robertson）在关税同盟理论的基础上提出了系统的自由贸易区理论，认为自由贸易区的原产地规则无法阻止间接贸易偏转的存在，关税同盟与自由贸易区相比，在静态经济效益上是次优的。通过消除自由贸易区内的贸易壁垒来实现成员国之间的贸易自由化，对外实行统一的关税政策和贸易政策是自由贸易区的基本形式。科登（Corden，1972）对关税同盟和自由贸易区的规模经济进行了分析，认为高效率成员在参与区域一体化以后，其低成本的产品大量涌入一体化内部市场，贸易量增加带来的生产扩大会使得高效率成员的边际生产成本递减。沃尔科特（Walcott，1981）比较单边关税下降前后一国的福利情况，证明了如果在关税同盟成立之前，一个国家对贸易伙伴国和非关税同盟成员国都征收关税，单边关税削减并不优于关税同盟。

2. 区域经济一体化理论的拓展

（1）把规模经济和不完全竞争理论引入区域经济一体化研究中。20世纪 80 年代以来，规模经济概念已与许多不完全竞争下的国际贸易新模型联系在一起，着眼于研究产业内贸易问题，即规模经济与产品差异化的相互作用或不完全竞争市场上企业的行为特征。规模经济导致生产成本降低，专业化分工导致服务成本降低，竞争加剧导致市场分割程度降低，市场规模扩大导致商品品种增加等。史密斯和维纳布尔斯（Smith and Venables，1988）研究了规模报酬递增、不完全竞争和市场分割对区域经济一体化成员贸易和福利的影响。布兰德和克鲁格曼（Brander and Krugman，1983）的相互倾销模型认为，如果区域经济一体化降低或消除了市场分割所造成的价格歧视，那么，会引起各成员国福利和整体福利的增加。温特斯（Winters，1984）认为，区域一体化在有助于形成规模经济的同时，也有利于成员国实现产品的差异化和市场垄断力量的增强，从而提高其竞争力。

（2）政策一体化理论的研究。加索斯和卡普（Gatsios and Karp，1991）建立了关税同盟的非合作博弈模型，分析得出，关税同盟的最佳共同政策选择不仅取决于关税同盟与世界其他国家的策略行为，还取决于关税同盟内成员间关于对外政策制定权的选择。巴拉萨（Balassa，1964）认为，区域经济一体化内部各成员的产业政策、货币政策、社会政策、财政政策和汇率政策的差异不利于成员资源配置效率的提高，但通过政策一体化可有效地规避这种影响。罗布森（Robson，1984）认为，政策一体化是区域经济一体化的最高阶段，区域经济一体化不仅要实现区域经济一体化内部政策的协调一致，还要实现政策措施的高度统一，以获得更大经济利益。克鲁格曼（Krugman，1991）指出，世界区域性经济组织数目减少时，贸易转移会因共同对外关税的上升而增强，区域一体化会导致世界福利下降。在国际经济一体化初期，区域一体化使世界福利恶化，但是，到了区域经济一体化后期，大多数国家会参与区域经贸组织，降低了整个世界的贸易保护程度，从而促进全球贸易自由化，达到世界福利最大化。

（二）区域经济一体化效应的实证研究

20世纪70年代，肖分和威利（Shoven and Whalley）通过CGE模型，将福利经济学引入区域经济一体化效应的研究中。阿特梅德（Artemed，2003）利用多国家中心—外围模型，说明随着区域一体化进程加快，会使各种国际直接投资和区际贸易同时增长。阿布雷戈（Abrego，2005）采用定量方法，即采用一般均衡模型对关税同盟中的国家进行了分析，结果显示关税同盟增加了全球福利。从发达国家之间组建关税同盟的福利效应来看，因为供给曲线和需求曲线较为平坦，贸易创造效应较大，且非区域经济一体化成员的产品成本不占优势，贸易转移效应较小，所以，贸易创造效应大于贸易转移效应，福利正效应较为明显。一些中文文献研究了区域经济合作对促进区域范围内公共产品（如，环境保护、能源合作、打击跨境犯罪等）的作用（李向阳，2005；宋岩，2006）。宋海英（2015）研究了中国—智利自由贸易区的农产品贸易效应，运用扩展的巴拉萨模型模拟了中国—智利自由贸易区的农产品贸易效应，结果表明，中国—智利自由贸易区总体上并未对中国农产品进口出现贸易创造效应，但对食用水果及坚果的进口产生了显著的贸易转移效应；中国—智利自由贸易区总体上并未对智利农产品进口出现贸易转移效应，而产生了显著的贸易创造效应。

（三）区域经济一体化理论与虚拟水贸易的联系

首先，区域经济一体化组织成立后，成员国在农产品贸易领域的关税减让及相关合作都将加强，自由贸易区的优惠政策有助于虚拟水载体产业的发展，从而促进虚拟水贸易的开展，无论是在贸易量还是在动态贸易效应（比如，规模经济、水资源合理配置以及环境改善效应）等方面都会产生积极变化。因此，科学运用区域经济一体化理论和协调发展理论，积极参与区域经济一体化实践活动，对有效地开展中国－东盟农产品虚拟水贸易，实现区域经济的分工协作和联动发展具有重大意义。

其次，目前的虚拟水贸易研究中缺乏基于区域经济一体化框架下的虚拟水贸易考察，而区域经济组织成员国间的虚拟水贸易必将呈现不同于一般国家间虚拟水贸易的特点。基于上述关于区域经济一体化理论的研究综述，可以说关于中国－东盟农产品虚拟水贸易的考察实际上是基于自由贸易区理论与政策研究视角的拓展，也是对区域经济一体化动态效应研究的有益补充。

三、小结

第一，随着全球性资源问题的日益突出，作为生产要素的一些资源已被各国视为参与国际贸易的重要考虑因素，并成为影响和决定国际贸易格局的基本要素之一，尤其是水资源对于某些特定产业的贸易动因及其影响表现得尤为明显。然而，传统的要素禀赋理论忽略了水要素的重要作用，而主要考虑土地、劳动和资本三个生产要素，将水资源同土地、空气、矿藏等笼统地归于土地要素之中，因而无法充分体现新的生态条件下水资源的成本和价值，这势必带来一系列缺憾和问题：其一，无法准确反映一国（地区）开展农产品贸易的比较优势；其二，未能充分体现一国（地区）管理水资源的成本；其三，不利于通过贸易途径实现水资源调配、开源节流等新理念的建立。因此，有必要对传统要素禀赋理论进行补充和完善。

第二，目前，对虚拟水贸易的理论研究主要集中于资源学领域，但从本质上看，虚拟水贸易与经济学理论密切相连且以此为支撑。尽管相关文献已对虚拟水贸易进行了经济学解释，但研究层面单一且深度不够，进行定量论证的研究领域基本空白。本书将水要素引入比较优势分析框架进行多要素机会成本分析，并结合 H－O－V 理论从要素含量角度阐释虚拟水贸易，尝试为比较优势理论提供新的现实证据。

第三节　虚拟水贸易应用性研究的文献综述

一、从虚拟水贸易与粮食安全和水资源利用角度

在虚拟水贸易与粮食安全和水资源利用的相关性上，中文文献做了初步研究。一些中文文献研究了粮食虚拟水与粮食安全和水安全的关系问题（秦丽杰，2005；邱红，2006；陶国芳，2006）。马涛和陈家宽

（2006）利用虚拟水的概念和方法分析了中国 1996～2001 年的粮食贸易，发现这些年中国通过粮食贸易净进口了 328 亿立方米虚拟水，相当于节省了 1860 亿立方米的水资源；中国的粮食贸易基本符合水利用效率的比较优势，因此，为国内节省了 1010 亿立方米的水资源。虽然中国通过虚拟水贸易不能完全解决国内水危机问题，但是，虚拟水贸易有助于节省国内水资源，从而缓解国内水危机状况，提高水资源利用效率，因此，虚拟水贸易为开展粮食贸易和调水工程提供了全新角度。李洪香（2010）根据测算得出：通过粮食对外贸易，中国在 2001～2008 年平均每年净进口 463.63 亿立方米虚拟水，并且有逐年增长的趋势，同时，表明中国的农业用水具有一定的对外依赖性，并且，依赖程度有可能不断提高。尽管目前中国的粮食虚拟水贸易在一定程度上缓解了农业水资源的使用压力，但国内水资源整体上依然严重匮乏，仍需要进一步增加虚拟水的流入。李锋和王春月（2014）研究认为，水资源既是自然资源也是社会资源和经济资源，水资源安全问题目前已受到国内外各界人士的广泛关注，虚拟水从新的视角探索了水资源安全问题的解决途径。杨雪等（2021）通过测算中国粮油虚拟水进出口量，估算出粮油虚拟水贸易对农业用水的贡献率，为中国实施农产品虚拟水贸易策略和缓解农业用水短缺问题提供了有益借鉴。该研究表明，2001～2017 年，中国粮油虚拟水贸易对农业用水的贡献率不断提高，由 8% 增至 40%。

吴普特（2020）梳理了 2015～2019 年粮食生产与粮食消费系统的过程水文学研究进展，提出应突破实体水－虚拟水统筹管理的技术壁垒和方法壁垒，解决粮食系统的过程水文学关键科学难题，着眼于全产业链广义水资源的高效利用，深化体制机制改革，实现虚拟水管理落地，加强专业人才培养与支撑等建议。韩雪等（2018）应用投影寻踪－信息扩散理论模型，定量分析了中国的区域间主要农产品虚拟水贸易风险的等级及发生概率。研究结果表明，交通因素、人口因素和自然因素对虚拟水贸易风险的影响较大，这与传统虚拟水策略中水资源是虚拟水贸易的主导因素相悖；中国大部分地区虚拟水贸易风险处于较不安全（Ⅱ）状态和临界安全（Ⅲ）状态，少数地区属于极不安全（Ⅰ）状态；中国虚拟水贸易风险等级值为Ⅰ、Ⅱ、Ⅲ、Ⅳ和Ⅴ的概率分别为1.000、0.792、0.592、0.394和0.198,说明中国粮食安全和水资源安全出现高风险的概率较大,易出现粮食危机和水危机,评价结果与中国国情基本相符。王秀鹃和胡继连(2018)以粮食国际贸易中的虚拟水为研究对象,对2001~2015年中国四种主要粮食作物的国际贸易中所隐含的虚拟水贸易量进行估算,并以此测算15年间粮食虚拟水国际贸易对中国水资源的贡献。该研究结果表明,2001~2015年中国粮食国际贸易中虚拟水贸易一直保持较大贸易逆差;15年间通过粮食国际贸易累计净进口虚拟水量为14147.02亿立方米,相当于节约了同等数量的粮食生产用水量,有效地缓解了中国水资源短缺的矛盾。贾琨颢和田贵良(2017)以江苏省为例,初步评价了江苏省农业对水资源的依赖性,并对其降低水资源依赖性提出了相关建议。

二、从虚拟水贸易与环境问题角度

傅素英和张俊飚(2008)在研究中国农业水土资源要素禀赋的基础上,分析了中国农业技术在国际转移过程中资源要素的流动,分别讨论了虚拟水、农业资源综合承载力以及农产品净贸易的实际耕地占用量的问题,考察了中国农业技术转移所产生的生态环境效应。郭燕贞和雷玉桃(2011)在虚拟水概念基础上,提出了虚拟水污染负荷和虚拟水污染负荷输入量的概念,计算并分析了中国工业产业出口中的虚拟水污染负荷的输入量,提出中国应该鼓励产品出口的8个工业行业和应该限制产品出口的8个工业行业;并认为目前中国工业产品出口结构不太合理,存在工业产品出口贡献率大小与应限制或鼓励出口的产品不相匹配等问题。高秋杰等(2011)认为,近年来,关于虚拟水贸易的研究与环境问题结合,可以将环境直接或间接作为贸易品,通过贸易方式改善环境,形成了贸易问题与环境问题研究的新领域——环境贸易,认为环境贸易包括直接的环境贸易和嵌入(外生)的环境贸易,它们均直接对环境产生良好影响,并成为贸易的一部分。

刘庆林等（2020）定量研究中国现有的贸易政策是否及在何种程度上影响其双边虚拟水进口贸易的节水效率。该文献研究结论表明，中国双边虚拟水进口贸易量的实际值与前沿水平存在偏差，且贸易政策是产生上述现象的主要原因。刘静和余钟波（2020）在量化江苏省农业生产水足迹、消费水足迹及虚拟水流动的基础上，分析与水资源消耗相关的环境影响，以及对人类健康、生态质量及资源的影响。该文献分析结果表明，应用节水技术及培育节水品种有助于优化生产水足迹，消费模式转变有助于改善消费水足迹，贸易结构调整及贸易地区选择有利于改变现有虚拟水流动模式；水足迹及虚拟水流动量是影响江苏省水资源消费相关环境的重要因素，减少水资源消耗，降低农业用水比重，改变产品调入区域等均有助于减少环境影响。丁雪丽等（2018）基于虚拟水的双重价值，结合中国粮食各地产销平衡数据，构建线性优化模型，估算中国粮食省际间贸易的虚拟水流动格局，从资源、经济、环境三个方面分析虚拟水流动引发的综合效益。该文献研究发现，中国粮食省际间贸易的虚拟水流动格局体现为"北水南运"的特点，同实体水的"南水北调"形成互补，水资源南北互通；针对资源效益而言，中国省际间粮食贸易的虚拟水流动格局在全国范围内共节约了 152.96 亿立方米的水资源，占总虚拟水流动量的 15.79%。

三、从一国区域间虚拟水贸易角度

吴争程和郑珍远（2010）采用投入产出法，测算了中国福建省经济贸易中的水调配量，结果表明，福建省以虚拟水的形式直接或间接地输出了大量水资源给其他国家（地区）。周姣（2010）研究指出，虚拟水贸易涉及多方面因素，如经济、社会和生态等，因此，在中国推行区域间的虚拟水贸易，要从综合角度对其影响因素进行分析，才可以为相关部门的决策提供具体而可靠的理论基础与政策支撑。王连芬和张敏（2012）通过组合运用投入产出分析法与水足迹法，对我国长江中下游五省 41 个部门的虚拟水贸易进行测算，结果表明，五省中的四省以虚拟水贸易形式向其他地区输出了大量水资源，其中，农林牧渔业是生产中输出水资源量最大的部门，并且，各省间农畜产品的虚拟水流动存在较大差异。据此得出的结论为，各省（区、市）应调整进出口策略，优化产业结构布局，综合实施虚拟水贸易策略。朱志强（2016）研究了中国江苏省产业虚拟水出口贸易的变动及其驱动因子，结果表明，江苏省工业总体虚拟水出口贸易量最大、占虚拟水出口总量比例最高，是虚拟水出口总量变动的重要因素；规模要素对江苏省虚拟水出口贸易量增加的贡献率逐渐下降，实施虚拟水贸易战略是实现水资源优化配置的重要途径之一，可为江苏省缓解用水矛盾、解决水资源短缺危机提供一个新视角。

四、从不同国家（区域）间的虚拟水贸易角度

研究与实践表明，虚拟水贸易对全球的水配置效率有提高作用。由不同国家（区域）间的产品贸易（特别是粮食贸易）所产生的虚拟水流动，是目前虚拟水研究的一个热点。霍克斯特拉（Hoekstra，2002）的荷兰国际水文和环境工程研究所（IHE）研究报告，从出口国角度测算出全球 1995～1999 年的平均虚拟水贸易量约为 1040 亿立方米，其中，农作物虚拟水贸易占全球虚拟水贸易的 67%，牲畜及畜产品虚拟水贸易占全球虚拟水贸易的 23%，工业品虚拟水贸易占全球虚拟水贸易的 10%。而由齐默尔和雷诺尔（Zimmer and Renault）的世界水资源理事会（WWC）和联合国粮农组织（FAO）的研究报告《虚拟水在食品生产和全球贸易中的应用——方法学问题和初步结果回顾》（*Virtual Water in Food Production and Global Trade Review of Methodological Issues and Preliminary Results*）（2002），基于进口国的角度对产品的虚拟水含量进行测算，测算出的 2000 年全球虚拟水贸易总量约为 1340 亿立方米。奥基等（Oki et al.，2003）分别基于出口国角度和进口国角度，测算出 2000 年全球的虚拟水出口量为 683 亿立方米，进口量为 1138 亿立方米，差距为 455 亿立方米。这一数据说明，进口国通过虚拟水贸易节约了水资源。范思琦等（2008）测算了 2005 年中国与东盟农产品贸易中的虚拟水含量，指出中国与东盟

农产品贸易额在 1999～2005 年逐年增加，农产品的区域间流动实际上也包含了蕴藏在其中的虚拟水转移。马玉波（2016）测算了俄罗斯与中国的初级农产品的虚拟水贸易量，结果显示，2012 年中国对俄罗斯农产品贸易中出口虚拟水 15546.77 万立方米，进口虚拟水 721.33 万立方米，净出口虚拟水 14825.44 万立方米。目前，从区域一体化组织角度来进行虚拟水贸易的研究还较少。

朱智洺等（2020）基于 2010～2016 年的生产数据和气候数据，测算了"一带一路"沿线 65 个国家 7 种粮食的单位虚拟水含量，并结合相应粮食的贸易数据，构建虚拟水贸易网络模型。该文献研究发现，俄罗斯、乌克兰等国家是该贸易网络中主要的粮食虚拟水净出口国家，埃及、伊朗等国家是主要的粮食虚拟水净进口国家；中国粮食虚拟水贸易规模持续扩大，在该贸易网络中起着重要的桥梁作用。韩文钰和张艳军（2020）基于水资源投入产出模型，改进了行业间虚拟水转移量的计算方法，提出了利用世界投入产出表计算国家间拉动系数的方法，并分析了 2005～2014 年中美两国的行业用水特性指标、行业间虚拟水转移量和两国间虚拟水贸易情况。刘庆林和段晓宇（2019）在贸易限制指数理论框架下，构建绝对贸易政策扭曲指数和相对贸易政策扭曲指数，并基于赫克歇尔－俄林－瓦内克理论（Heckscher-Ohlin-Vanek theorem，HOV 定理）构建包含贸易政策扭曲的虚拟水流向偏离度指标，检验国家（地区）之间双边虚拟水贸易的"逆比较优势"之谜。该文献研究发现，虚拟水贸易"逆比较优势"的现象确实存在，不考虑贸易政策扭曲时，虚拟水贸易流向符合理论预期的比重较低，而考虑贸易政策扭曲时，虚拟水贸易流向符合理论预期的比重有所提高；从行业角度看，服务业的虚拟水流向符合理论预期的程度最高，农业、林业、牧业、渔业的虚拟水流向符合理论预期的程度最低；贸易政策对虚拟水贸易流向扭曲作用最明显的行业是农业、林业、牧业、渔业，服务业双边虚拟水贸易流向受到贸易政策扭曲的作用较小。

五、从中国虚拟水贸易策略角度

近年来，一些中文文献从不同视角研究了中国虚拟水贸易策略问题。

刘幸菡（2007）测算了 70 种畜产品以及 36 种农产品的虚拟水含量，还估算了中国的工业品虚拟水贸易的基本规模，得到了 2000～2005 年中国虚拟水贸易总量。该文献研究表明，中国为净输入国，每年净进口虚拟水约 200 亿立方米，在一定程度上缓解了水资源压力。从产品结构上看，中国虚拟水贸易的结构单一，工业虚拟水贸易占大部分，而初级产品的虚拟水贸易较为集中。朱启荣和高敬峰（2009）运用投入产出法进行分析，测算了 2002～2007 年中国对外贸易虚拟水含量，并用此数据对中国贸易结构进行了分析，结果表明，中国的虚拟水贸易中出口产品主要是高耗水产品，而进口产品却主要是低耗水产品，这一现象不利于水资源的节约。刘红梅等（2009）采用引力模型分析构建中国农业虚拟水进出口贸易的影响因素模型，以 1994～2008 年中国和 40 个贸易伙伴国的面板数据为样本进行了实证检验。该文献结论表明，农业劳动力资源禀赋、农业规模、技术水平、需求方的收入水平、汇率水平及中国加入 WTO 等均与中国农业虚拟水进出口呈正相关，而中国 GDP、土地资源禀赋和水资源禀赋、中国消费者物价指数（CPI）及区域性经济组织与中国农业虚拟水进出口呈负相关；农业虚拟水国际贸易的时间效应要强于空间效应。曾贤刚等（2021）探究了包括自由贸易协定和关税在内的各种因素对虚拟水转移的影响，结果表明，中国的农业用水效率虽然在逐年提高，但与农业发达国家相比仍有较大差距；中国通过农产品国际贸易实现了对大部分国家虚拟水贸易的贸易逆差；土地资源、劳动力数量、农业生产效率等方面的比较优势以及是否签订自由贸易协定、关税水平等变量，是农产品贸易虚拟水流动的显著影响因素。刘庆林和廉凯（2020）探讨了造成中国双边虚拟水进口贸易节水无效率的原因，研究结论显示，中国双边虚拟水进口贸易量的实际值与前沿水平存在偏差造成节水无效率，且贸易政策扭曲是造成节水无效率的主要原因。

六、小结

第一，虽然诸多学者都提出了有关虚拟水贸易策略实施的建议，但大多集中在产业内分工层面。本书认为，根据虚拟水贸易的特质和重要作用，虚拟水贸易不仅可以按照比较优势进行产业内分工，还可以进行产业间分工、产品内分工，进而在产业平衡和产业优化基础上开展虚拟水贸易，拓展虚拟水贸易策略实施的领域与空间。

第二，"三农"问题关系到国计民生，农产品虚拟水贸易是国际虚拟水贸易的重要形式。既有农产品虚拟水贸易研究主要关注国家间或者一国内不同区域间虚拟水贸易量的测算，并运用测算结果分析水足迹问题，而专门针对自由贸易区框架下的农产品虚拟水贸易的研究还很少。基于中国－东盟自由贸易区对于区域稳定与民生发展的重要意义，深入观察论证中国－东盟农产品虚拟水贸易的动因及其影响效应，尤其对于中国实现跨区域利用水资源而言更具有现实性和必要性。此外，农产品虚拟水贸易研究也有助于考察自由贸易区框架下双边农业或多边农业的发展合作问题，以及开展产业间贸易、产品内贸易的可行性。

第三，目前，虚拟水贸易的应用性研究基本上集中于虚拟水量的测算等技术层面，而对测算方法理论依据的探讨较少，且运用经济学、统计学分析方法展开的应用性研究也非常有限。本书将在运用现有虚拟水贸易量测算方法的基础上，尝试运用经济学原理和统计学方法对虚拟水贸易量进行测算，对中国－东盟农产品虚拟水贸易的理论依据、影响因素和自由贸易区效应等问题进行深入分析。

第三章　中国－东盟农产品虚拟水贸易的理论分析

本书研究的中国－东盟农产品虚拟水贸易，主要是以比较优势理论、H－O－V理论以及自由贸易区贸易效应理论为理论基础。本章首先基于传统比较优势模型，将水要素作为独立于土地之外的要素与劳动力、资本等非水资源要素一起进行中国－东盟农产品虚拟水贸易比较优势分析，之后，加入技术要素以阐述并分析多要素的中国－东盟农产品虚拟水贸易比较优势，说明水资源要素是中国－东盟农产品虚拟水贸易的重要比较优势的来源之一。其次，阐述并分析传统比较优势理论与H－O－V理论在解释要素禀赋对贸易作用上的区别，说明要素与内含要素的差异；通过比较H－O－V理论模型的贸易要素含量表达式与中国－东盟农产品虚拟水贸易量的投入产出测算方法，论证中国－东盟农产品虚拟水贸易是H－O－V理论的实际运用。根据H－O－V模型的理论内涵，中国－东盟农产品虚拟水贸易开展的同时，伴随着双边水资源要素即虚拟水的交换。最后，利用自由贸易区效应模型结合中国与东盟农产品贸易情况，从理论上阐释CAFTA建成对中国形成的贸易创造效应、贸易转移效应以及其他福利效应的影响。

第一节　比较优势理论的拓展分析

从狭义层面看，虚拟水概念侧重于体现水资源的作用，并没有体现生产技术或者其他资源和水资源的比较成本，因此，比较优势理论的概念与虚拟水的概念是不同的，一些研究者对比分析了虚拟水和比较优势。

威切恩斯（Wichelns，2003）认为，虚拟水贸易理论是比较优势理论的一个应用，只是特别地强调了水资源。艾伦（1996）认为，虚拟水贸易理论是比较优势理论的继承和发展。而兰特（Lant，2003）则认为，虚拟水与比较优势理论的相同之处在于，虚拟水也体现了经济地理的基本原理，水资源短缺的国家需要考虑从水资源丰富的国家进口粮食作物。但威切恩斯（2003）指出，这种概念仅适用于某些地区，原因在于阐述一个水资源短缺国家如何因进口高耗水作物而获利时，分析的是水的贡献，而不是比较优势。威切恩斯（2003）论述了比较优势理论以及计算步骤，指出两国粮食生产的机会成本比较是确定比较优势的关键性问题。本节借鉴上述文献并在将水资源纳入生产要素假设的前提下，对中国－东盟农产品虚拟水贸易的生产机会成本进行分析，进而得出双边农产品虚拟水贸易机会成本的两种情形，并提出应用中国－东盟农产品虚拟水贸易策略的思考。

一、基本假设

为了更好地论证比较优势对中国－东盟农产品虚拟水贸易的作用机理，需要构造一些可能的假设情形。参考比较优势理论的基本假设，结合本节的主要研究对象，将传统比较优势理论的三种基础要素土地、劳动力、资本统称为非水要素，另外，引入水要素进行分析。四个假设如下。

假设3－1：对外贸易中的运输成本以及其他交易费用不存在。

假设3－2：将生产要素分为：水资源要素 W 和非水资源要素 S。

假设3－3：两种不同技术水平同时存在，一种是每消耗一单位的非水资源要素 S 能够生产 A 产品的产量 a_1，每消耗一单位非水资源要素 S 能够生产 B 产品的产量 b_1；另一种是每消耗一单位非水资源要素 S 能够生产 A 产品的产量 a_2，每消耗一单位非水资源要素 S 能够生产 B 产品的产量 b_2。其中，a_1/b_1 和 a_2/b_2 为 A 产品的相对技术水平。

假设3－4：A 产品、B 产品对水资源的需求程度不同，用水量相对较多的为 A 产品，我们用投入单位非水资源要素 S 进行 A 产品的生产时

需要投入 w_a 水资源，表示 A 产品是水资源密集型产品；单位 B 产品用水量较少，我们用投入单位非水资源 S 进行 B 产品的生产时需要投入 w_b 水资源，表示 B 产品是非水资源密集型产品，因此，$w_a > w_b$。

二、中国－东盟农产品虚拟水贸易比较优势分析

(一) 情形一

在建立假设 3－1～假设 3－4 的基础上，为了对中国－东盟农产品虚拟水贸易比较优势进行分析，需要补充假设 3－5 和假设 3－6。

假设 3－5：中国和东盟 J 国，两国的生产技术水平相同，姑且认为两国的单位非水资源要素 S 生产农产品 A 的产量为 a_1，生产农产品 B 的产量为 a_2。

假设 3－6：中国的水资源短缺，水资源总量为 W，而非水资源要素 S 供给不受限制；东盟 J 国的非水资源短缺，非水资源短缺总量为 S，而其水资源供给不受限制。

在此假设下，分析两个国家的生产选择：在水资源条件限制下，中国可生产 M 单位 A 产品或者 N 单位 B 产品，或者生产二者的线性组合；在非水资源条件限制下，东盟 J 国既可选择生产 a_1S 单位的 A 产品，也可选择生产 b_1S 单位的 B 产品，也可以是二者的线性组合。情形一情况下的中国与东盟 J 国的生产可能性曲线，如图 3－1 所示，上述两个国家的可能性生产边界由生产 A、B 两种产品的各种线性组合决定。其中，中国的 PPF 曲线连接 $(0, a_1w/w_a)$ 和 $(b_1w/w_b, 0)$ 两点，中国 A、B 两种产品的可能生产组合在 PPF 直线上或者由其内侧的各点表示。同样，东盟 J 国的 PPF 曲线，也以同样的方法构建。

从机会成本来看，中国生产一单位 A 产品的机会成本是 b_1w_a/a_1w_b 单位的 B 产品，而生产一单位 B 产品的机会成本是 a_1w_b/b_1w_a 单位的 A 产品。东盟 J 国生产一单位 A 产品的机会成本是 b_1/a_1，生产一单位 B 产品的机会成本是 a_1/b_1。因为 A 产品为水资源密集型产品，可知，$w_a > w_b$，所以，中国生产 A 产品的机会成本 b_1w_a/a_1w_b 要大于东盟 J 国的机会成本

b_1/a_1；而东盟 J 国生产 B 产品的机会成本 a_1/b_1 大于中国生产的机会成本 a_1w_b/b_1w_a。可见，中国具有比较优势的产品生产是 B 产品生产，而东盟 J 国则在 A 产品生产上具有比较优势。

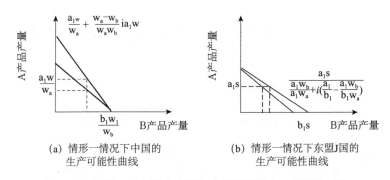

(a) 情形一情况下中国的　　　　(b) 情形一情况下东盟 J 国的
　　生产可能性曲线　　　　　　　　生产可能性曲线

图 3－1　情形一情况下的中国与东盟 J 国的生产可能性曲线

资料来源：笔者根据田贵良. 虚拟水贸易论［M］. 北京：中国水利水电出版社，2010 的相关内容整理绘制而得。

　　根据上述分析，假如中国专业化生产 B 产品，而东盟 J 国专业化生产 A 产品，两国可通过贸易获利。中国 B 产品对东盟 J 国 A 产品的交易比率应在两个国家生产 B 产品的机会成本大小之间，我们可以引入一个比例系数 i（$0 < i < 1$），表示中国得以分享的两国机会成本之差中的某一部分，那么，单位 B 产品可交换 $a_1w_b/b_1w_a + i$（$a_1/b_1 - a_1w_b/b_1w_a$），即（$1 - i$）$a_1w_b/b_1w_a + ia_1/b_1$ 单位的 A 产品。假如中国用 b_1w/w_b 单位的 B 产品全部用于交换东盟 J 国的 A 产品，可得［（$1 - i$）$a_1w_b/b_1w_a + i$（a_1/b_1）］b_1w/w_b，即 $a_1w/w_a +$［（$w_a - w_b$）$/w_aw_b$］ia_1w 单位的 A 产品。根据基本假设 3－4 可知，$w_a - w_b > 0$，故 $a_1w/w_a +$［（$w_a - w_b$）$/w_aw_b$］$ia_1w > a_1w/w_a$。该式的含义是，中国如果专业化生产 B 产品，则所有产品都与 A 产品交换，总收益比中国完全专业化生产 A 产品时要高。同样，东盟 J 国专业化生产 a_1s 单位的 A 产品，然后，均用于交换 B 产品，则可获得 $a_1s/$［$a_1w_b/b_1w_a + i$（$a_1/b_1 - a_1w_b/b_1w_a$）］单位的 B 产品，也可证明其大于 b_1s。因此，我们可以得到中国与东盟 J 国新的生产可能性曲线 PPF，两个国家新的生产可能性曲线都位于原 PPF 曲线之上，说明两个国家可以专业化生产自身存在比较优势的产品，再通过交换获得收益。

中国和东盟 J 国在相同生产技术水平下的生产比较优势情况，见表 3－1，根据上述分析，可得出情形一的结论是，生产技术水平相同时，中国与东盟 J 国的水资源禀赋差异对各自的生产比较优势产生影响，水资源不足的中国可以通过实行虚拟水贸易策略，从水资源丰富的东盟国家交换水资源密集型产品。

表 3－1　中国和东盟 J 国在相同生产技术水平下的生产比较优势情况

国家	产品	生产技术	S资源	水资源	最大产值	机会成本	比较优势理论下最大产量
中国	A	a_i	无限制	W	$\dfrac{a_1 w}{w_a}$	$\dfrac{b_1 w_a}{a_1 w_b}$ 单位 B 产品	$\dfrac{a_1 w}{w_a} + \dfrac{w_a - w_b}{w_a w_b} i a_1 w$
	B*	b_1	无限制	W	$\dfrac{b_1 w}{w_b}$	$\dfrac{a_1 w_b}{b_1 w_a}$ 单位 A 产品	$\dfrac{b_1 w}{w_b}$
东盟 J 国	A*	a_1	S	无限制	$a_1 s$	$\dfrac{b_1}{a_1}$ 单位 B 产品	$a_1 s$
	B	b_1	S	无限制	$b_1 s$	$\dfrac{a_1}{b_1}$ 单位 A 产品	$\dfrac{a_1 s}{\dfrac{a_1 w_b}{b_1 w_a} + i\left(\dfrac{a_1}{b_1} - \dfrac{a_1 w_b}{b_1 w_a}\right)}$

注：带 * 的产品为该国具有比较优势的产品。

资料来源：笔者根据田贵良. 虚拟水贸易论 [M]. 北京：中国水利水电出版社，2010 的相关内容整理而得。

（二）情形二

在建立假设 1～6 的基础上，为了更好地分析中国和东盟国家水资源密集型产品和非水资源密集型产品的生产情况与贸易情况，需要进一步增加假设 3－7 和假设 3－8。

假设 3－7：中国和东盟 J 国的生产技术水平存在一定差异，中国使用单位非水资源要素 S 可以生产 a_1 单位 A 产品以及 b_1 单位 B 产品；然而，东盟 J 国可利用单位非水资源要素 S 生产 a_2 单位 A 产品、b_2 单位 B 产品。

假设 3－8：中国在水资源方面比较短缺，其总量为 W，非水资源要素 S 不受供给限制；东盟 J 国的情况相反。

在上述情况下，对两国进行生产选择分析：受水资源以及技术水平的限制，中国可生产 $a_1 w/w_a$ 单位 A 产品或 $b_1 w_1/w_b$ 单位 B 产品，或者是二者的线性组合；另外，受非水资源及技术水平的限制，东盟 J 国可

生产 a_2s 单位 A 产品或者 b_2s 单位 B 产品,或者是二者的线性组合。

两国的生产可能性曲线为:假如不进行贸易时,中国生产单位 A 产品的机会成本为 b_1w_a/a_1w_b 单位的 B 产品,生产单位 B 产品的机会成本为 a_1w_b/b_1w_a 单位的 A 产品;而东盟 J 国生产单位 A 产品的机会成本为 b_2/a_2 单位的 B 产品,以及生产单位 B 产品的机会成本为 a_2/b_2 单位的 A 产品。由此可知,产品的技术水平以及需水量体现两国两种产品的生产比较优势。假如 A 产品的技术水平 a_1/b_1 相对于 B 产品的技术水平 b_1/a_1 足够大,使中国生产 B 产品的机会成本达到 $a_1w_b/b_1w_a > a_2/b_2$,则中国不具有 B 产品生产上的比较优势;而只有当 $b_1w_a/a_1w_b < b_2/a_2$ 时,则中国在 A 产品生产上体现出比较优势。在这种情况下,通过提高技术水平改变生产率使得机会成本有所改变,因此,产品的生产比较优势也随之发生变化。

可得出情形二的结论是:水资源丰缺和技术水平共同对一国产品的生产起作用,中国并不能仅从水资源禀赋的角度来考虑而选择专业化生产 B 产品,而是应该综合考虑生产水资源密集型产品 A,也不必大量进口东盟 J 国的水资源密集型产品 A。

三、比较优势理论应用于中国－东盟农产品虚拟水贸易策略的思考

由情形一的分析可知,若一国的生产条件中仅是水资源禀赋不足时,可以考虑通过制定虚拟水贸易策略进口水资源密集型产品,出口非水资源密集型产品。而情况二的分析则说明,若一国的生产受多种资源禀赋的限制,这时不应片面强调虚拟水贸易策略,还应考虑一些其他的重要因素,如生产技术或其他稀缺的生产要素。因此,我们得到的启示是,若技术水平相同(基本相同)的国家之间开展虚拟水贸易,贸易国可能获得相对较大的贸易利得;若技术水平不同的国家之间开展虚拟水贸易,还需考虑其他约束性生产要素以及产业技术水平等,这些因素对于贸易利得具有重要影响。即在实施虚拟水贸易策略时,需要综合考虑水资源

禀赋、机会成本、生产技术以及其他稀缺的生产要素。只有统筹协调，才能真正获取虚拟水贸易所带来的资源配置效应和贸易利益。

因为中国与东盟国家在农产品（尤其是农作物）生产技术方面的差异较小，所以，中国与东盟各国的农产品虚拟水贸易比较优势的决定作用与情形一的分析更相符。也就是说，在农产品生产技术水平差异较小的情况下，水资源的丰缺会影响中国与东盟 J 国的比较优势，那么，水资源短缺的中国应尽量避免出口水资源密集型产品，并通过农产品虚拟水贸易途径，与水资源丰富的东盟 J 国交换水资源密集型产品而从中获益。

第二节　H－O－V 理论对于中国－东盟农产品虚拟水贸易的解释

本节阐述并分析了 H－O－V 理论模型的贸易要素含量表达式与中国－东盟农产品虚拟水贸易量投入产出测算方法，说明中国－东盟农产品虚拟水贸易量的测算思路与 H－O－V 理论关于要素含量的表达式是一致的，中国－东盟农产品虚拟水贸易体现了 H－O－V 理论的内涵，即人均水资源短缺的中国，通过农产品贸易从人均水资源丰裕的东盟国家净输入虚拟水。

一、农产品虚拟水贸易与 H－O 理论的联系

H－O 理论基于贸易国要素禀赋丰裕度的角度，解释了国际贸易的产生。H－O 理论认为，各国应专业生产密集使用本国丰裕生产要素的商品，进口密集使用本国稀缺的生产要素所生产的商品。这样，各国将获得交换的最大利益。H－O 理论分析中的生产要素主要是，土地、劳动和资本。水资源和矿藏等资源笼统地被归于土地要素之中，随着国际贸易的发展，许多生产要素参与国际贸易并成为重要影响因素，其中，水资源在某些特定产业（如农业）的国际贸易中发挥着重要的作用。水是农

产品尤其是农作物生产的一个不可或缺的生产要素，农作物灌溉用水是水资源利用的重要形式。随着人口增长和粮食需求扩大，农作物灌溉面积和实际灌溉用水量不断增大；水资源越来越被视为各国参与农产品国际贸易的重要生产要素。但传统的 H - O 理论无法充分体现新的全球生态条件下水资源的重要价值和机会成本，这为农产品国际贸易实践与研究带来一些思考：其一，忽略了水要素对贸易的影响，导致不能准确反映一国的比较优势；其二，不能反映水的价值及水的成本，不利于在贸易中控制成本获得最大利益；其三，不利于提高水资源利用和管理的意识，不利于相关制度及其运行机制的构建。因此，有必要根据生产要素内涵的变化对 H - O 理论进行补充和完善。

二、中国 - 东盟农产品虚拟水贸易的 H - O - V 理论内涵

（一）H - O - V 理论与 H - O 理论的区别

赫克歇尔 - 俄林 - 瓦内克（H - O - V）模型是瓦内克（Vanek，1968）对于 H - O 理论的拓展研究。H - O 理论与 H - O - V 模型的共同点在于，两者都从要素禀赋差异产生比较优势的角度来解释国际贸易的起因。两者的主要区别在于以下两点。

第一，H - O 理论在二维空间即 2 种要素、2 种商品、2 个国家的假设前提下成立，而瓦内克证明 H - O 理论在多维空间即多种要素、多种商品、多个国家的假设前提下不再成立，但 H - O - V 模型在多维假设下也可成立。其结论为，在自由贸易条件下，资本相对富裕的国家将是净资本要素出口国，而劳动相对富裕的国家将是净劳动要素出口国。

第二，虽然两者都是从研究要素禀赋的角度出发，但 H - O 理论偏重考察产品的国际流动，而 H - O - V 模型则重点考察要素的国际流动。在要素禀赋差异产生比较优势思路的基础上，瓦内克构建了"要素含量"的 H - O - V 模型，模型中"贸易中的商品所包含的要素服务"替代了"贸易中的商品"，瓦内克认为，"某一要素禀赋相对丰裕的国家，会成为

该要素的净出口国和另一种要素的净进口国。"在 H – O – V 模型中,贸易的要素含量满足矩阵方程:$F = AT = V - sV_W$,其中,F 为要素的净贸易量;A 是要素投入产出矩阵;T 是本国产出与本国消费之差,即贸易量;V 是本国的要素供给;s 是本国消费占世界总消费的份额;V_W 是世界范围内的要素供给向量。由以上方程式可知,H – O – V 模型的核心在于,将实体意义上的产品分解为要素含量,从而将贸易的内容由产品的流动转化为要素的流动。H – O – V 模型确立了严苛的假设条件,这些假设与现实情况不符,因此,许多相关研究的经验数据不能满足 H – O – V 模型的条件,进而使实证检验的结果与理论预测不符。对此,利默(Leamer,1994)改进了 H – O – V 模型,其根据 H – O – V 模型的矩阵方程并通过定义 $F^A = AT - (B/GNP_W) V_W$,(其中,F^A 是非平衡贸易的要素含量,B 是价值形态的贸易额,GNP_W 是世界各国的国民生产总值之和),最终推算出非平衡贸易的要素含量:$F^A = V - (GNP/GNP_W) V_W$,其中,GNP 是本国生产过程中所投入的世界总要素供给中相应部分相应的国民生产总值的函数,如果 $F^A < 0$,则存在净要素流入;如果 $F^A > 0$,则存在净要素流出。

(二)H – O – V 模型实证研究综述

在 H – O – V 模型的实证研究方面,利默和斯韦考斯卡斯(Leamer and Sveikauskas,1987)利用日本的数据和全球的数据分别进行了考查,其通过对具有相同生产率国家间的贸易实证与具有不同生产率国家间的贸易实证进行比较所得出的结果表明,可以考虑放松国家间要素生产率一致的假设来修正 H – O – V 模型。特雷弗勒(Trefler,1993)利用 1983 年 33 个国家(10 种要素)的数据进行了实证研究,发现 H – O – V 模型的解释力很强,并且认为各国要素价格的差异是由要素生产率的差异造成的。特雷弗勒(1995)采用 33 个国家的数据集,将要素分为 9 类进行实证分析,结果表明数据与 H – O – V 模型存在偏差。实际数据中资本要素净贸易量 F^K 非常小,几乎接近于零,表明几乎不存在要素的净贸易。特雷弗勒(1995)将此现象称为消失的贸易,消失的贸易是 H – O – V 模型遭遇的较大悖论。赫尔普曼和克鲁格曼（1995）证明，规模经济、产品差异等与要素价格均等相兼容，可以使用 H－O－V 模型中的要素成分公式，从而使考察结果支持 H－O－V 模型。戴维斯和温斯坦（Davis and Weinstein，2001）在标准 H－O－V 模型的基础上，进一步放松了传统的假设条件，考虑到要素价格非均等化、技术差异、贸易成本和非贸易品对 H－O－V 模型预测的影响，利用 10 个 OECD 国家的实际数据，证实了 H－O－V 模型的基本预测。肖特（Schott，2001）用新的方法检验了 H－O－V 模型，即假设要素禀赋差异足够大的国家之间，专业化生产与自身要素禀赋最匹配的特定产品集，同时，考虑要素积累对给定部门产出的影响，从这方面证实了 H－O－V 模型的专业化模式。H－O－V 模型建立后的相关研究层出不穷，其中出现的问题与悖论并没有推翻 H－O－V 模型，而是提醒学者们现实中存在与理论假设不相同的条件，因此，放宽条件后 H－O－V 模型的解释力得到了相应提高，从而拓展了其理论研究与实证研究的空间。

综上所述，依据 H－O－V 模型，中国－东盟农产品贸易水资源要素净进口值若表现为净贸易量 $F^A < 0$，即存在净要素流入，可以解释为水资源要素禀赋相对匮乏的中国净进口了东盟国家的水资源要素，水资源要素禀赋相对丰裕的东盟国家向中国净出口了水资源要素。下面，将对此做出进一步说明，并将在第四章运用中国－东盟农产品虚拟水贸易量测算结果进行验证。

（三）H－O－V 模型的贸易要素含量表达式与中国－东盟农产品虚拟水贸易量的投入产出测算方法分析

大卫·李嘉图比较优势理论的生产比较成本以及 H－O 理论的产品要素密集类型，往往以产品所需投入要素的价值来进行分析，而 H－O－V 理论对产品国际交换的因果分析则是以产品所需投入要素的含量来进行分析；在分析中国－东盟农产品虚拟水贸易水资源要素的输出和输入时，也是以产品中的水要素含量来进行分析。

1. H－O－V 模型关于贸易要素含量的测算

H－O－V 模型在 H－O 模型的基础上，设定了更为严格的假设条件。

这些条件包括：（1）世界各国的需求偏好相似，具有相同的边际消费倾向；（2）不存在关税壁垒和非关税壁垒，产品的国际市场价格、国内市场价格相同，即"一价定理"成立；（3）世界总产出等于世界总消费，即世界范围内的积累率为零；（4）世界范围内要素充分就业；（5）世界各国具有相同的生产函数（技术水平无差异，具有相同的要素投入产出矩阵 A）；（6）假定世界各国都利用 n 种要素生产 n 种产品（这意味着，投入产出矩阵 A 为方阵）。

在上述假定条件下，H－O－V 模型可以由五个基本模型来描述：

$$Q = A^{-1}V \tag{3-1}$$

$$C = sC_w = sA^{-1}V_w \tag{3-2}$$

$$T = Q - C = A^{-1}V - sA^{-1}V_w \tag{3-3}$$

$$B = \pi' T \tag{3-4}$$

$$s = \frac{\pi' A^{-1}V - B}{\pi' A^{-1}V_w} = \frac{GNP}{BGNP_w} \tag{3-5}$$

在模型（3-1）~模型（3-5）中，Q 是本国的产出向量；V 是本国的要素供给向量；A 是投入产出矩阵，A 中的元素代表生产单位产品的要素投入量；C 是本国的消费；C_w 是世界总消费；s 是本国消费占世界总消费的份额；V_w 是世界范围内的要素供给向量；T 是本国产出与本国消费之差，即贸易量。如果 Q＞C，则 T＞0，本国为净出口国；如果 Q＜C，则 T＜0，本国为净进口国。π 是国内价格向量，在不存在贸易壁垒的情况下，与国际市场价格相等；B 是价值形态的贸易额；GNP 是本国的国民生产总值；GNP_w 是世界各国的国民生产总值之和。

在 H－O－V 模型中，产出 Q 由模型（3-1）确定；贸易量 T 由模型（3-3）确定。从形式上看，两个模型是类似的，不同之处在于，模型（3-1）使用本国的要素供给 V，而模型（3-3）使用本国相对于世界的净要素供给 $V-sV_w$。模型（3-3）显示了 H－O－V 模型对贸易要素含量清晰而简洁的描述：揭示了在既定的生产技术条件（由投入产出矩阵确定）下，反映一国要素丰裕度的要素差额如何决定该国的贸易差额 T。在模型（3-3）的左右两边，同时乘以投入产出矩阵 A，得到：

$$AT = V - sV_w \qquad (3-6)$$

模型（3-6）直接用要素投入—产出矩阵将贸易差额转换为要素差额（净贸易要素含量）。

2. 中国 - 东盟农产品虚拟水贸易量的投入产出法测算

投入产出法适用于从农产品产业即农业的角度测算农产品虚拟水贸易量。从农业产业层面简述中国 - 东盟农产品虚拟水贸易量的投入产出测算方法，需要先得到农产品生产所需的水资源完全需求系数。一般意义上完全需求系数的经济含义，是第 j 部门每生产一单位产品对第 i 部门产品的总需求，包括直接需求和间接需求。完全需求系数的模型为：

$$AX + Y = X^{①} \qquad (3-7)$$

在模型（3-7）中，A 为直接需求系数矩阵，Y 为最终产品一维列向量，X 为总产出一维列向量。再将模型（3-7）进行整理：

$$X - AX = Y \qquad (3-8)$$

$$(I - A)\ X = Y \qquad (3-9)$$

$$X = (I - A)^{-1}Y \qquad (3-10)$$

$$再令 B = (I - A)^{-1} \qquad (3-11)$$

在模型（3-11）中，B 称为里昂惕夫逆矩阵，也称为完全需求系数矩阵。在采用投入产出法从农业产业层面测算农产品虚拟水贸易量时，需要使用完全需求系数矩阵。那么，在得到了水资源的完全需求系数矩阵后，中国出口东盟、中国进口东盟的农产品虚拟水量是完全需求系数矩阵分别与中国出口东盟、中国进口东盟的农产品量的乘积，则中国 - 东盟农产品虚拟水净贸易量投入产出测算表达式为：

$$CASE_N = Q_i CANT_i = W_i\ (I - A)^{-1}\ (CAEX_i - CAIM_i) \qquad (3-12)$$

在模型（3-12）中，Q_i 表示中国 i 行业（指农产品）的完全用水系数矩阵；$CANT_i$ 为中国与东盟的农产品净贸易量；W_i 为中国农产品的直接用水系数；$(I - A)^{-1}$ 为投入产出逆矩阵，也称为里昂惕夫逆矩阵，表示直接需求与完全需求之间的关系；$CAEX_i$ 表示中国对东盟出口的农产

---

① H. D. Kurz, E. Dietzenbacher, C. Lager. Input-output analysis. E. Elgar, 1998: 289-289.

品总量；CAIM$_i$ 表示中国对东盟进口的农产品总量；CAEX$_i$ － CAIM$_i$ 表示中国－东盟的农产品净贸易量，等于 CANT$_i$。模型（3 － 12）利用农产品的完全用水系数矩阵与中国－东盟农产品净贸易量的乘积测算出中国－东盟农产品虚拟水净贸易量，体现了中国与东盟进行农产品贸易时净输出的虚拟水贸易量或净输入的虚拟水贸易量。

通过对 H － O － V 模型贸易要素含量表达式以及中国－东盟农产品虚拟水贸易投入产出测算方法的阐述，以及通过比较模型（3 － 12）和模型（3 － 6）可以发现，CASE$_N$ 表示净要素流量，即中国－东盟农产品虚拟水净贸易量，相当于模型（3 － 6）中的 F；Q$_i$ 是水要素投入产出矩阵，相当于模型（3 － 6）中的 A，均指农产品用水系数矩阵，表示农产品生产水投入情况；CANT$_i$ 是中国－东盟农产品净贸易量，即双边农产品贸易出口量与进口量之差，相当于模型（3 － 6）中的本国农产品产出与本国农产品消费之差 T。根据模型（3 － 6）和模型（3 － 12）的比较可知，中国－东盟农产品虚拟水净贸易量的测算表达式与 H － O － V 模型中贸易要素含量的矩阵方程相对应。

3. 小结

综上所述，H － O 理论内涵主要以要素为核心，而 H － O － V 理论主要以要素含量即产品内含要素量为核心，两者均解释了要素禀赋对于贸易的作用。H － O 理论说明了不同要素丰裕度的国家通过国际贸易交换了密集使用各自丰裕要素所生产的产品，H － O － V 理论则说明了不同要素丰裕度的国家除了通过国际贸易交换密集使用各自丰裕要素所生产的产品之外，还交换了产品内含要素。关于要素与内含要素的差异，我们认为，要素在产品生产前独立存在且多为有形，在产品生产后，要素以产品的内含要素形式存在且一般为无形，内含要素量即为 H － O － V 模型中的要素含量（factor content）。在贸易交换中，要素不能交换，否则将成为产品，内含要素伴随产品交换而交换，是要素的另一种形态。

此外，内含要素量即要素含量与产品生产时投入的该要素量并不一定对等，要素投入量的计量往往以直接投入的该要素量计算，而内含要素量即要素含量的计量，包括了直接投入的要素量和间接投入的要素量。

在比较优势理论中，内含要素是要素用来解释贸易问题的深化和补充，因为部分要素（如土地、水资源等）的市场价格并不确定，利用要素价格比并不能准确衡量一国在这些要素方面的比较优势，所以，还需采用投入产出方法等其他方法计算交换的要素含量，从而据此进行比较。里昂惕夫之谜实则提出了两国间比较优势衡量的问题，而 H－O－V 理论利用里昂惕夫的投入产出法对贸易国由要素禀赋所产生的比较优势展开了进一步拓展研究。

虚拟水国际贸易是 H－O－V 模型内涵的一种现实体现。区域间虚拟水流动与区域间贸易相伴而生，因此，H－O－V 模型从水资源要素的角度解释了虚拟水贸易产生的动力和机制。艾伦（1996）在论述虚拟水通过对外贸易在全球范围内传输时，强调虚拟水实际上是从水资源具有比较优势的国家流向了水资源处于劣势的国家。孙克（2007）通过中美农作物贸易数据，指出了国际贸易对全球水资源配置的作用，认为应充分考虑虚拟水要素的比较优势作用，在农产品的国际交换中，应生产并出口具有虚拟水比较优势的产品。彼得·德巴瑞（Peter Debaere，2013）运用计量方法，通过利用部分用水系数和各国的水资源丰裕程度等数据实证分析了水和国际贸易的关系，认为一国水资源禀赋的丰裕程度对国际贸易模式产生影响，在水资源分布不均及部分用水不均的情况下，水资源丰裕的国家大量出口水资源要素密集型产品；而水资源要素稀缺的国家，则应考虑加大水资源要素密集型产品的进口。这些研究给我们的启示是：一国水资源密集型产品的出口意味着水资源要素的流出，水资源密集型产品的进口意味着水资源要素的流入。这与 H－O－V 模型的理论内涵相一致。

第三节　中国－东盟自由贸易区贸易效应的理论分析

在现实中，自由贸易区的贸易效应，在一定程度上是不确定的。原因在于，自由贸易区的形成往往有一个过程，而且，自由贸易试验区对各方面的影响需要经过一段时间才能较充分地显现。综合实力不同，签订自由贸易区协定的国家获得的利益可能也不相同。为全面分析 CAFTA 建成后对中国与东盟国家可能产生的效应，我们从两方面来进行综合考察。一方面，是对 CAFTA 的贸易效应形成机理进行分析；另一方面，对 CAFTA 的静态效应以及动态效应展开理论阐释。

一、中国－东盟自由贸易区的静态效应分析

（一）关税同盟的静态效应

根据关税同盟理论，区域经济一体化的静态效应主要包括以下两点。

1. 贸易创造效应

根据 CAFTA 的运行情况，贸易创造效应主要从以下两个方面进行研究分析。

第一，从关税壁垒来看，中国和大部分东盟国家的农业产业在其国民经济中占有重要地位，中国－东盟自由贸易区建立以前，双方的平均关税水平都比较高；中国－东盟自由贸易区建立之后，关税必然出现大幅度下降甚至为零。根据关税同盟理论分析，中国－东盟自由贸易区内各国原有关税水平越高，中国－东盟自由贸易区建立后的贸易创造效应就越明显。从商品的供给弹性（需求弹性）来看，一般认为某一商品的供给弹性（需求弹性）越大，商品价格下降所引发的供给增加（需求增加）的可能性也越大，而这一过程又与一国的消费能力密切相关。经过多年的经济发展，中国和东盟各国的人均收入都已有所提高，整体消费能力不断上升，CAFTA 建立后贸易创造效应更加明显。

第二，从产业的国际分工来看，中国－东盟自由贸易区内国家的经济发展水平和产业结构之间存在相似性。中国和东盟各国之间的产业分工更多地呈现出水平型分工特征，农业分工亦是如此，双方的产业结构、产品结构之间存在着较大的互补性。理论上认为，如果成员国在产业上

有着一定的互补性且经济结构相似，则贸易创造效应能更好地发挥作用。中国和东盟国家在农产品虚拟水贸易方面的产品差异主要体现在：中国在生产水果、蔬菜、茶叶、畜牧产品以及农产品加工等方面具有比较优势，而东盟国家在生产大米、木薯、天然橡胶、水果、林业以及渔业产品等方面具有比较优势。因此，中国－东盟自由贸易区的建立可以使贸易区内各国更好地发挥自身的比较优势，获取更大的贸易创造效应。

2. 贸易转移效应

许多学者对南南型区域经济一体化组织进行了研究，发现这类组织在更多情况下显示出的是贸易转移效应，但是，CAFTA 的贸易转移效应不太明显。主要原因是：一方面，CAFTA 的成员国大部分为发展中国家，各自的贸易结构和贸易伙伴具有相似性，具体来看，中国和东盟的主要贸易伙伴均为欧美日韩等国，对这些国家的出口占到了中国出口的 70% 和东盟出口的 75%；另一方面，从出口产品结构来看，中国和东盟国家都是以初级产品和附加值不高的工业制成品为主，进口产品都以技术密集型产品为主。因此，即使建立了中国－东盟自由贸易区，中国与 CAFTA 外发达国家的贸易联系也不会被中国与东盟国家间的贸易往来所替代，双方依然会保持对发达国家的进出口刚性。

（二）中国－东盟自由贸易区的静态效应

自由贸易区理论是区域经济一体化理论的组成部分，其中，也有关于静态效应的分析。英国学者彼得·P. 罗布森（Peter P. Roberton，1984）系统分析了自由贸易区理论，该文献归纳了自由贸易区的主要特征：（1）自由贸易区成员方自产商品在区内交易免征关税；（2）各成员方对外有自主的关税政策和贸易政策；（3）对区域内自由贸易的产品实行严格的原产地规则。

自由贸易区也产生贸易创造效应和贸易转移效应，但却与关税同盟的两种效应有所不同。因为在自由贸易区条件下，国际贸易出现贸易偏转。贸易偏转是指，一方面，自由贸易区内成员国出口产品给其他成员国；另一方面，因国内的需求不足，需同时从自由贸易区外进口相同产品。中国－东盟自由贸易区的贸易效应，如图 3 - 2 所示。

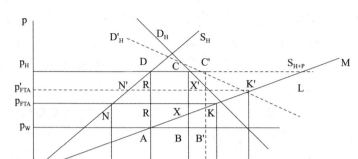

图 3 - 2　中国－东盟自由贸易区的贸易效应

资料来源：海闻，［美］P. 林德特，王新奎. 国际贸易 ［M］. 上海：上海人民出版社，2003。

在图 3 - 2 中，假设两个国家进行贸易，中国 H 和东盟 P 国，均为中国－东盟自由贸易区成员国。在农产品 J 的生产上，中国 H 的生产效率明显低于东盟 P 国。两国的进口税率不同：中国采用非禁止性关税，P 国则采用禁止性关税。S_H 为中国的供给曲线，D_H 为中国的需求曲线，S_{H+P} 为中国和东盟 P 国合计的供给曲线。P_H 为成立中国－东盟自由贸易区之前中国的国内农产品 J 的价格，P_W 是自由贸易区外市场农产品 J 的价格。P_{FTA} 是指，中国－东盟自由贸易区建立后，中国 H 和东盟 P 国的自由贸易区内农产品 J 的价格。中国－东盟自由贸易区建立之前，中国从世界市场以 P_W 的价格进口农产品 J，国内价格在征收 $P_W P_H$ 的关税后变为 P_H。这时，中国国内生产的农产品 J 的供应量为 OS_0，需求量则为 OD_0，进口数量为 $S_0 D_0$。另外，在中国 II 与东盟 P 国成为中国－东盟自由贸易区成员国后，如果中国保持净进口的状态，那么，中国农产品 J 的价格就不会降到 P_W 以下，但也不会超过 P_H。中国的有效供给曲线为 $P_{FTA} KLM$，这一曲线与中国的需求曲线 D_H 一起决定了中国－东盟自由贸易区内农产品 J 的价格 P_{FTA}。在 P_{FTA} 这一价格水平上，中国的国内生产供给量是 OS_1，消费需求量是 OD_1，中国从东盟 P 国的进口量为 $S_1 D_1$，其中，$S_1 S_0$ 和 $D_0 D_1$ 表示贸易创造效应的结果，$S_0 D_0$ 表示贸易转移效应的结果。

可以注意到，东盟 P 国的国内农产品 J 的价格一直在 P_{FTA} 以下。如果东盟 P 国的全部生产供给能满足中国的全部进口需求，为使 P_{FTA} 与东盟 P 国的国内农产品 J 的价格一致，东盟 P 国的所有该农产品的生产供给均要能满足中国 H 的所有进口需求。否则，P_{FTA} 将高于东盟 P 国的国内农产品 J 的价格，以保持东盟 P 国出口供给与中国 H 进口需求的平衡。这时，东盟 P 国只能通过向中国－东盟自由贸易区外的国家进口同类产品以满足本国需求，这种贸易流向就是贸易偏转。

CAFTA 的建立对中国产生的福利效应：中国得到消费者剩余 $P_H CKP_{FTA}$，失去生产者剩余 $P_H DNP_{FTA}$ 以及关税收入造成的损失 CDXR，得失相减后余下两个三角形 DNR 和 CXK 表示最终获得的消费者剩余。此外，关税收入损失中还有另一部分 ABRX，在与两个三角形代表的消费者剩余相抵后，若关税收入损失（CKAB）小于消费者剩余（DNR + CXK），则说明中国的福利有净利益；相反，则中国的福利是净损失。因此，中国－东盟自由贸易区给中国带来的福利变化并不确定。

假如中国的需求曲线变为 D_H'，CAFTA 内农产品 J 的价格变为 P_{FTA}'，即该价格与上限 P_H 更相近。中国对本国市场的供给量限度是 OS_2，国内市场需求量是 OD_2，从东盟 P 国进口量是 $S_2 D_2$。从前述可知，$S_2 S_0$ 和 $D_0' D_2$ 代表贸易创造效应，$S_0 D_0'$ 则代表贸易转移效应。要衡量中国的福利得失，需要比较两个三角之和（$DN'R' + C'X'K'$）即消费者剩余与矩形（$R'X'B'A$），也就是关税收入损失的大小。两国在关税同盟中与自由贸易区中的福利效应比较的异同在于：中国作为进口国的福利变化在上述两种区域组织中是类似的，但从出口国东盟 P 国的角度来看，福利变化有差异。在关税同盟条件下，因为对外进口关税统一，东盟 P 国农产品 J 的价格必然会上升，所以，必然会带来消费者剩余损失以及负的生产效应。但在自由贸易区条件下，各国对自贸区外的关税可自主决定，那么，东盟 P 国农产品 J 的价格可以不变，即不产生消费者剩余损失以及负的生产效应。并且，东盟 P 国可从贸易偏转中获得关税收入。可见，在中国－东盟自由贸易区下出口国东盟 P 国的福利水平要优于关税同盟条件下的福利水平。而从外部世界来看，在关税同盟内，因为关税同盟区域内成员对外统一关税，所以，外部世界的总体出口会减少，导致社会福利水平随之下降；而在自由贸易区内，外部世界的总出口不减还有可能增加，因此，在自由贸易区内，外部世界的福利水平可得到提升。

二、中国－东盟自由贸易区的动态效应分析

（一）刺激竞争和优化资源配置效应

传统经济学中一个很重要的假设就是完全竞争市场，但是，现实情况往往为不完全竞争市场，甚至是垄断市场。部分学者认为，在不完全竞争市场结构下，贸易自由化也能实现资源最优配置，加强竞争并带来贸易福利（黄兴年，2004；石碧涛，2013）。目前，中国国内农产品市场规模虽然不小，但是，不完全竞争的结构却广泛存在，尤其是在农业部门，存在着一定程度的垄断、竞争力削弱、价格不跟随市场价格的变动而变动的情况，因此，农产品市场存在小规模农产品的生产，而且，整个市场表现出农产品生产的低效率状况。CAFTA 的建立，一方面，将有助于加强竞争，打破原有的垄断局面，使得效率得以提高；另一方面，将会形成一个庞大的农产品交易市场，将之前因保护主义而被分割的众多小市场融合到一起，实现了中国－东盟自由贸易区内资源要素的自由流动，劳动力、资本得到更合理的配置，提高使用效率。

（二）规模经济效应

CAFTA 的建立集中了分散的小市场，组成统一的大市场，至 2015 年，已经形成了一个 GDP 近 3.5 万亿美元、双边贸易额达 0.47 万亿美元的经济区域，其市场潜力巨大。资源要素的自由流动，有利于各国比较优势的进一步发挥，推动世界分工的进一步专业化，使得某种产品的生产可以集中到一个国家，从而出现较大规模的产业集聚，实现产业的规模经济；各成员国的企业也可以摆脱国内市场规模的限制，面向统一的大市场，进一步拓展企业的发展空间，在这个稳定的大市场里实现规模经济效应。中国上述福利水平的提高与传统的贸易创造效应不同，因为

存在生产成本降低的规模效应，所以，中国与东盟国家可通过建立自由贸易区扩大市场，进行专业分工，发挥自贸区的规模效应，可以产生生产者福利和消费者福利。

（三）刺激投资效应

CAFTA 的建立，不仅可以使双方获得积极的贸易效应，还可以大量吸引中国－东盟自由贸易区外的资金，并促使中国－东盟自由贸易区内的国家相互扩大投资。

1. 对中国－东盟自由贸易区内投资的影响

（1）中国－东盟自由贸易区内的企业会在劳动力成本较低的地区投资以获取低成本优势，在消除各种贸易投资壁垒之后，企业会对中国－东盟自由贸易区内不同国家的各项成本、优惠政策进行比较，然后，选择理想的场所进行投资，从而促进中国－东盟自由贸易区内投资的增长。

（2）规模经济的实现要求中国－东盟自由贸易区内的企业加大投资，更新生产设备，增强实力；获取规模经济之后，企业为了维持优势，必然要在技术创新上加大投入，不断开发引进新技术，争取在激烈的竞争中处于有利地位。

（3）中国－东盟自由贸易区有利于中国企业"走出去"。虽然最近几年中国对东盟的投资增长很快，但总体而言，仍落后于东盟对中国的投资。2014 年，中国和东盟的累计双向投资额已经超过了 1300 亿美元，其中，东盟国家对中国的投资超过了 900 亿美元。[①] CAFTA 的建立，给中国企业带来了广阔便利的大市场，同时，可以享受到中国－东盟自由贸易区内的各项优惠政策，充分利用发达国家针对东盟国家所设置的普惠制关税，规避发达国家针对中国设置的贸易壁垒（如"非市场经济地位"）。

2. 对中国－东盟自由贸易区外投资的影响

（1）CAFTA 建成后，必然会对中国－东盟自由贸易区外部实施各种贸易壁垒和投资壁垒（例如，原产地规则等），中国－东盟自由贸易区外

---

① 中华人民共和国商务部网站，www. mofcom. gov. cn.

部国家的企业，也无法享受中国－东盟自由贸易区内的各种投资优惠、税收优惠政策。为了突破贸易壁垒，享受中国－东盟自由贸易区内的优惠政策，中国－东盟自由贸易区外部国家的企业可以选择对中国进行绿地投资，更有利于充分利用外资。

（2）《中国－东盟全面经济合作框架协定》对吸引外资做出了法律上的规范，为中国－东盟自由贸易区外部投资者提供了稳定的政策保证；中国和东盟各国在投资环境方面所取得的巨大进步，也将进一步吸引外资流入。

通过对 CAFTA 的经济效应分析，我们可以发现，CAFTA 的建立，对中国和东盟各国的农产品贸易发展乃至双边经济均有着重要的积极意义：从静态效应来看，CAFTA 所带来的贸易转移效应不会十分明显，但在有利于资源优化配置的贸易创造效应方面却有着巨大的潜力；从动态效应来看，CAFTA 的建立使中国－东盟自由贸易区内的资源要素实现了自由流动，这使得中国－东盟自由贸易区内企业的竞争更加激烈，而激烈的竞争又会促使企业加大投资，进行技术创新、降低成本，最终形成规模经济效应。

三、中国－东盟自由贸易区贸易效应对双边农产品虚拟水贸易的影响

中国－东盟自由贸易区贸易效应对双边农产品虚拟水贸易的影响主要有以下三个方面。

第一，CAFTA 的建立会带来中国－东盟农产品虚拟水贸易创造效应，中国从非 CAFTA 成员国进口的相对成本较高的农产品被中国从东盟各国进口成本相对较低的农产品所替代，实现了水资源的优化配置；在增加了中国－东盟农产品贸易量的同时，也增加了中国－东盟农产品虚拟水贸易量，提高了 CAFTA 成员国的整体福利。

第二，对罗伯森的自由贸易区静态效应理论结合 CAFTA 情况的模型进行分析可知，因为自由贸易区存在贸易偏转现象，所以，CAFTA 所有成员

国的总体福利优于关税同盟形式。一方面，中国作为从东盟国家净进口农产品虚拟水的进口大国，其在 CAFTA 建成后所获得的贸易扩大效应是必然的，而最终的福利大小则由贸易创造效应与贸易转移效应相比较才能确定；另一方面，对中国净出口农产品虚拟水的大部分东盟国家，除了获得中国－东盟自由贸易区建成带来出口增加的福利外，还可以获得自由贸易区贸易偏转所带来的关税收入。

第三，从自由贸易区动态效应来看，CAFTA 建成后，随着中国－东盟自由贸易区内交易平台的建立以及优惠政策的相继出台，各成员国的农产品生产规模扩大、外商投资增加，这将进一步促进中国－东盟农产品虚拟水贸易的规模化发展和加大 CAFTA 成员国之间的竞争。

本节从理论上分析了 CAFTA 贸易效应对双边农产品虚拟水贸易的影响，在本书第六章，笔者将对中国－东盟农产品虚拟水贸易的自由贸易区静态效应进行实证分析。

第四章　中国－东盟农产品虚拟水贸易量测算

科学测算中国－东盟农产品虚拟水贸易量，是对双边农业产品虚拟水贸易策略意义进行深入论证的重要基础。一般而言，从狭义角度，农产品虚拟水贸易量是指农作物虚拟水贸易量；而从广义角度，农产品虚拟水贸易量（农业虚拟水贸易量）包括农作物虚拟水贸易量以及林、牧、副、渔等其他农产品虚拟水贸易量。因为农作物生产用水量较其他农产品生产用水量更多，所以，农作物虚拟水贸易量占全部农产品虚拟水贸易量的绝大部分。本章借鉴现有研究方法，分别对中国－东盟单一农作物虚拟水贸易量以及中国－东盟农业虚拟水贸易量进行了测算，并对测算结果进行论证分析。

第一节　虚拟水贸易量测算概述

一、涉及虚拟水贸易量测算的基本范畴

（一）虚拟水量

虚拟水量是指，某种商品和服务的水资源含量，相对于水资源投入而言，虚拟水是无形的，其内含于产品中。中文文献分别对中国农业虚拟水量（杨春，2016）、工业虚拟水量（梅燕，2013；朱自强，2016）、服务业虚拟水量（黄敏和黄炜，2016）进行了测算。其中，农业虚拟水

量的测算方法比后两种行业的测算方法更精准，原因在于工业部门和服务业部门繁多，在数据收集和统计口径的选择上均存在难度。从对中国部分地区农作物虚拟水贸易的研究来看，学者们对河南、湖南、湖北、江西、黑龙江以及北京等省市农作物的虚拟水含量和虚拟水贸易量均进行了测算分析，测算结果显示，缺水地区均存在虚拟水大量输出的现象，不利于缓解水资源短缺现状以及地方经济的可持续性发展，学者们分别提出了有针对性的水资源管理建议（邹君，2014；王岩等，2014；黄会平等，2015）。

（二）虚拟水贸易量

虚拟水贸易量是指，两个国家（地区）进出口商品中的水要素含量。虚拟水贸易是复杂事物的综合体，涉及经济、社会和生态等多方面因素；虚拟水贸易量是研究双边或多边虚拟水贸易特征、影响因素等问题的核心指标，也是分析这些问题的关键依据，同时，也是制定虚拟水贸易策略的现实基础。近年来，关于中国虚拟水贸易量的测算研究较多。一是对国内各省（区、市）虚拟水对外贸易量的测算。王连芬和张敏（2012）通过组合运用投入产出法与水足迹法，[①] 对长江中下游五省三大产业中的41 个部门的虚拟水贸易量进行了测算，结果表明，五省中的四省以虚拟水贸易形式向国外其他地区输出了大量水资源，其中，农林牧渔产业是生产中输出水资源量最大的部门，并且，省份间农畜产品的虚拟水流动存在较大差异。据此建议各省份应调整进出口策略，优化产业结构布局，综合实施虚拟水贸易策略。二是对中国虚拟水对外贸易量进行测算。如，马玉波（2016）研究了中俄农产品虚拟水贸易情况，随着中国对俄罗斯农产品贸易额的逐年提升，对其出口的虚拟水量也相应扩大。2012 年，中国对俄罗斯农产品贸易中出口虚拟水 1.6 亿立方米，进口虚拟水 0.07

---

① 水足迹是指，一个国家、一个地区或一个人，在一定时间内消费的所有产品和服务所需要的水资源数量，形象地说，就是水在生产过程和消费过程中踏过的脚印。水足迹概念最早是由荷兰学者阿尔杰恩·霍克斯特拉（Arjen Hoekstra）在 2002 年提出的，包括国家水足迹和个人水足迹两部分。

亿立方米，净出口虚拟水 1.53 立方米。张雄化（2015）分析了中国粮食虚拟水贸易情况及其对缓解地区水资源紧缺的重要作用，说明 2003～2012 年，北京、福建、上海、天津、广东和浙江等发达省市粮食的虚拟水缺口不小，但已经能从中国粮食虚拟水年均净进口量中得以补充。

（三）单一农作物虚拟水贸易量

单一农作物是指某一种农作物，即生产种植的农业产品。在中华人民共和国海关 HS 编码中，这些农作物集中在 06 章～24 章以及 52 章、53 章。单一农作物虚拟水贸易量，即生产某一种农作物所需的水资源量。基于农作物的不同分类，虚拟水含量的测算也有所差别。霍克斯特拉和艾伦（Hoekstra and Allan，1998）研究了农作物国际贸易中虚拟水的量化测算方法，即以每种农作物贸易量与相应虚拟水含量相乘后求和得出虚拟水流量，虚拟水含量以生产地的农作物用水量计算，而具体到每种农作物用水需求的计算，则用修正后的农作物蒸发蒸腾量来计算。杨春（2016）对中国单一农作物虚拟水贸易量的测算研究表明，2002～2011 年，中国农作物在生产过程和消费过程中消耗了大量水资源，耗水量排在前三位的农作物是稻谷、水果和玉米，属于水资源密集型产品，在中国的生产量较多；而大豆、植物油等水资源密集型产品的生产量较少，大部分需要从国外进口，这些农作物的虚拟水贸易对外依赖度较高。

（四）农业虚拟水贸易量

农业虚拟水量是从整个农业产业的角度来考察农业产品的虚拟水量。与单一农作物不同的是，农产品除了农作物以外，还包括林牧副渔等产品。生产林牧副渔产品也需要投入水资源，其中的虚拟水量较难准确计算。农业虚拟水量是农作物虚拟水量与林牧副渔等产品虚拟水量的总和。因为广义的农产品涉及产业较多，林牧副渔等产品目前仍然没有合适的直接测算方法，所以，农业虚拟水量可利用投入产出法来测算。投入产出表是根据产业大类所编制的各产业和各部门间的价值投入表和产出情况表，该表描述了水部门与农业部门之间的投入产出关系。从产业角度利用投入产出法对各部门虚拟水贸易量的研究表明，近些年来，中国的农业、重工业是造成中国虚拟水贸易逆差的主要部门，而轻工业、服务业是造成虚拟水贸易顺差的主要部门（蒋桃，2012）。

二、虚拟水贸易量测算的主要方法及其应用情况

（一）基于彭曼公式的测算

彭曼公式是联合国世界粮农组织（FAO）推荐的，用来测算农作物虚拟水量的一种方法，又称水足迹虚拟水含量计算方法，适用于种植业特别是农作物产品虚拟水量的测算。

在农作物虚拟水量的测算中，彭曼公式是查帕金等（Chapagain et al.，2003）提出的产品生产树方法以及齐默（Zimmer，2003）等提出的产品类型区分计算方法中最关键的应用步骤。在采集影响农作物生产过程中水资源量的所有指标后，可使用彭曼公式计算得出单一农作物每天的需水量，这可通过联合国 CROPWAT 8.0 软件进行测算。在彭曼公式的所有指标中，气象指标最为重要，可利用联合国 CLIMWAT 4.0 软件获得某个地区的最低温度、最高温度、湿度、风力、降雨和日照等指标，然后，再利用该农作物的生长期数据即可计算得出单一农作物生长期所需要的水资源量，即单一农作物的虚拟水量。

需要说明的是，基于彭曼公式的虚拟水测算方法仅适用于单一农作物虚拟水量的测算，多种农作物的虚拟水量需要加总才可获得。秦丽杰等（2012）基于产品类型区分的思路，采用彭曼公式对中国吉林省玉米生产虚拟水含量进行了测算分析。开展相关研究的，还有霍克斯特拉（Hoekstra，2013）、穆巴科·S.（Mubako S.，2013）等。

（二）基于投入产出法的测算

虽然彭曼公式比较广泛地应用于农作物的虚拟水含量测算，但因为彭曼公式不适用于测算其他产品，所以，运用投入产出法测算宏观产业层面特别是工业产品及服务产品的虚拟水量，即成为相关研究所使用的

一种补充替代方法。投入产出表是产业关联分析的基本工具,分为实物型投入产出表和价值型投入产出表两种。实物型投入产出表主要以实物单位计量,是投入产出表的最基本形式;而价值型投入产出表以货币单位计量,是目前使用最广泛的一种投入产出表。

伦森(Lenzen,2010)在相关研究中,采用多区域投入产出模型指出,从数据的匹配性和可得性方面考虑,对单个国家的研究可采用单区域投入产出模型。王(Wang,2013)测算了中国的北京市2002~2007年各行业外贸虚拟水含量。中国投入产出学会课题组测算了2002年投入产出表中各部门的耗水量、耗水系数及部门间耗水的相关关系,并指出优化贸易结构对节约水资源具有重要意义。王梓元和黄凯(2013)利用改进的投入产出模型测算出中国的北京市存在虚拟水净进口,且在用水效率方面的改进要优于其他省(区、市)。阿那顿·L. D. 和超(Anadon L. D. and Chao,2014)研究中国各省(区、市)间的虚拟水贸易,研究结果表明,国内贸易中的虚拟水量是中国进出口虚拟水量的两倍。张晓宇和徐悦(2014)分析了中国虚拟水贸易的空间分布格局,研究表明,中国主要向发达国家出口虚拟水,目前,从总体来看,中国是虚拟水净出口国。谭圣林和邱国玉(2014)结合相关数据研究了中国广东省的虚拟水消费与虚拟水贸易。研究表明,广东省虚拟水的外部来源地主要是湖南省、广西壮族自治区和浙江省。该文献利用了单区域投入产出模型、多区域投入产出模型,这些模型可全面计算完全用水系数,有效地区分本地水足迹与外来水足迹,揭示区域间的虚拟水贸易关系,为水资源管理决策提供信息支持与数据支持。

运用投入产出法测算虚拟水量的不足之处在于,测算中没有考虑虚拟绿水量,缺少了产品生产过程中耗水的重要部分——降水及土壤水,只考虑了转移的虚拟蓝水量。虚拟水产业层面对于耗水概念的缺乏,使得测算结果变小。因此,区分绿水[1]和蓝水[2]以及工业品生产中的灰水[3],

---

[1]　蓝水指,地表水及地下水。

[2]　绿水指,降雨后为植物所利用的水。

[3]　灰水指,利用后返回水系统的污水。

成为今后虚拟水量化研究的一种趋势。

本章的第二节、第三节结合中国－东盟农产品虚拟水贸易，说明了彭曼公式和投入产出表两种测算方法的具体测算对象，并利用两种方法分别从农作物产品、农业产业的不同角度测算并分析、论证了中国－东盟农产品虚拟水贸易量。

三、中国－东盟农产品虚拟水贸易量测算研究

柬埔寨、老挝、泰国和越南等国家，于 1975 年 1 月通过了《关于湄公河水资源合理利用原则的联合声明》。

杨阿强（2008）对中国－东盟农产品虚拟水贸易进行了测算，测算范围仅限于主要农作物的双边虚拟水贸易量，计算结果表明，2005 年中国在与东盟的农产品贸易中进口虚拟水 43.3 亿立方米，出口虚拟水 36 亿立方米，净进口虚拟水 7.3 亿立方米。随着 2010 年 CAFTA 的正式建成，双边农产品贸易发展迅速，由此产生的双边农产品虚拟水贸易有待进一步研究。

本章在既有研究基础上，对中国－东盟主要农作物的虚拟水贸易量进行再一次测算，并深入分析其变化、原因及影响。为了扩大农业产品的考察范围，本章将利用投入产出法对中国－东盟农业虚拟水贸易量进行测算，旨在为分析中国－东盟农产品虚拟水贸易影响因素，以及为中国－东盟农产品虚拟水贸易对中国农业产业影响的相关研究提供依据。

第二节　中国－东盟单一农作物虚拟水贸易量
测算——基于彭曼公式

本节运用彭曼公式以及 CROPWAT 软件测算了中国－东盟单一农作物虚拟水贸易量，旨在从狭义的农产品角度考察、分析中国－东盟农作物虚拟水贸易情况，从而阐述并分析双边农作物虚拟水贸易的特征，并

依此解释中国与东盟国家水资源禀赋对双边农作物虚拟水贸易的影响。

一、测算方法概述

农业用水占全球用水总量的 80% 左右，占中国用水总量的近 65%，因此，农产品贸易虚拟水量的测算是相关研究的重点内容。另外，农作物生产用水量比其他农产品生产用水量更多，因而农作物虚拟水贸易量占到广义层面的农产品虚拟水贸易量的绝大部分。在基于 H－O－V 模型的实证研究方面，通常采用投入产出法测算水资源要素含量，但是，此方法只能测算农产品贸易虚拟水总量的产业数据，无法测算农作物贸易虚拟水量的产品数据。本节既要考察中国－东盟农作物贸易的虚拟水总量，还需观测双边单一农作物贸易中的虚拟水量，因此，采用霍克斯特拉（Hoekstra，2003）运用联合国 CORPWAT 软件对国际贸易单一农作物虚拟水量的测算方法，然后，通过加总得到中国－东盟农作物贸易虚拟水总量。

单一农作物贸易虚拟水量的测算公式为：

$$V_{cn} = \frac{W_{cn}}{Y_{cn}} \tag{4-1}$$

在式（4-1）中，V_{cn} 为区域 n 单位重量作物 c 的虚拟水量（m^3/t）；W_{cn} 为区域 n 作物 c 的需水量（m^3/hm^2），由累计生长期内农作物蒸发蒸腾水量 ET_c（mm/天）而得；Y_{cn} 为区域 n 作物 c 的产量（t/hm^2）。用参考作物需水量 ET_0（mm/天）乘以农作物系数 K_c 而得，得出农作物蒸发蒸腾所消耗的水量 ET_c：

$$ET_c = K_c \times ET_0 \tag{4-2}$$

在式（4-2）中，ET_0 表示参考农作物需水量，主要考虑气象因素对农作物需水量的影响；K_c 为作物系数，主要反映实际农作物与参考农作物表面植被覆盖与空气动力学阻力以及生理特征与物理特征的差异。

联合国世界粮农组织推荐并修正的标准彭曼公式如下：

$$ET_0 = \frac{0.408\Delta(R_n - G) + \gamma 900/(T+273)U_2(e_a - e_d)}{\Delta + \gamma(1 + 0.34U_2)} \tag{4-3}$$

在式（4－3）中，ET_0 表示参考农作物需水量（mm/天），R_n 为农作物表面的净辐射量（$MJ/m^2 \cdot$ 天）；G 为土壤热流量（$MJ/m^2 \cdot$ 天）；T 为平均气温（℃）；U_2 为离地面两米高处的风速（m/S）；e_a 为饱和状态下的蒸汽压力（kPa）；e_d 为实际蒸汽压力（kPa）；（$e_a - e_d$）为蒸汽压力差异（kPa）；Δ 为蒸汽压力曲线斜率（kPa/℃）；γ 为干湿度常量（kPa/℃）。

二、数据说明

（一）农作物贸易数据

考虑到数据的可获得性以及测算方法的统一性，本节的农作物贸易数据根据《商品名称及编码协调制度》从联合国商品贸易数据库（UN Comtrade）中获取；根据世界贸易组织（WTO）《农业协议》（*Agreement on Agriculture*）附件一中对农产品范围的界定，包括协调编码 HS 06 章－24 章以及 52 章、53 章的 2013 年、2014 年中国－东盟双边进出口农作物，即蔬菜、谷物、豆类、薯类、水果及坚果、油料作物、香料作物、茶叶、烟叶、花卉、麻类等种类，即狭义上的农产品，不包括林牧副渔等农产品。双边进出口的农作物类型，参考了 ClimWat 软件及艾伦（1996）等关于农作物的分类，最后，将统计数据中涉及的 58 种农作物分别进行测算，并选取了其中虚拟水量占比较大的农作物种类，中国－东盟农作物贸易虚拟水测算选择的农作物样本情况，见表4－1。

表4－1 中国－东盟农作物贸易虚拟水测算选择的农作物样本情况

HS 编码	农作物名称	中国		东盟	
		出口省（区市）或城市	土壤性质	主要出口国	土壤性质
60230	杜鹃花	云南	红壤（－）	泰国	淋溶土（－）
70951	蘑菇	云南	红壤（－）	泰国	淋溶土（－）
60240	玫瑰	云南	红壤（－）	越南	灰化土（＋）
60312	康乃馨	云南	红壤（－）	越南	灰化土（＋）

续表

HS 编码	农作物名称	中国		东盟	
		出口省（区市）或城市	土壤性质	主要出口国	土壤性质
60313	兰花	云南	红壤（－）	泰国	淋溶土（－）
60314	菊花	云南	红壤（－）	越南	灰化土（＋）
60315	百合	云南	红壤（－）	越南	淋溶土（－）
70200	土豆	四川、山东	紫色（中偏＋）	马来西亚	红壤（－）
70110	番茄	山东	黑土、褐土	马来西亚	红壤（－）
20310	葱	广西	红壤（－）	越南	红壤（－）
20320	蒜	广西	红壤（－）	马来西亚	红壤（－）
70511	甘蓝	广西	红壤（－）	马来西亚	红壤（－）
70519	莴苣	广西	红壤（－）	—	—
70690	萝卜	广西	红壤（－）		
70700	黄瓜	广西	红壤（－）		
70990	其他蔬菜	山东	黑土、褐土	缅甸	黑粘土（－）
71410	木薯	四川、重庆	紫色（中偏＋）	老挝	灰化土（＋）
70820	豆	广西	红壤（－）	泰国	淋溶土（－）
80110	椰子	海南	红壤（－）	缅甸	黑粘土（－）
81300	坚果	新疆	砂壤（中偏＋）	越南	红壤（－）
80300	香蕉	广西	红壤（－）	菲律宾	棕壤
80830	梨	河北	褐土（－）	菲律宾	棕壤
80840	柑橘	广东	红壤（－）	马来西亚	棕壤（－）
80600	葡萄	新疆	砂壤（中偏＋）	泰国	棕壤（－）
80700	西瓜、木瓜	河南	棕壤（－）	泰国	棕壤（－）
80810	苹果	陕西、甘肃	黑垆土（＋）	越南	棕壤（－）
81010	草莓	山东	黑土、褐土（＋）	泰国	棕壤（－）
80450	芒果	广西	红壤（－）	泰国	棕壤（－）
80390	其他水果	广西	红壤（－）	缅甸	黑粘土（－）
180100	咖啡豆	云南	红壤（－）	泰国	灰化土（＋）
90200	茶	云南	红壤（－）	越南	灰化土（＋）
70960	辣椒	湖南	黄红壤（偏＋）	越南	红壤（－）
80929	桂圆	广西	红壤（－）	印度尼西亚	黑粘土（－）
90700	丁香	黑龙江	黑土（－）	缅甸	黑粘土（－）
90500	香草	海南	红壤（－）	缅甸	黑粘土（－）

续表

HS 编码	农作物名称	中国		东盟	
		出口省（区市）或城市	土壤性质	主要出口国	土壤性质
91010	姜	山东	黑土、褐土	印度尼西亚	黑粘土（－）
100300	大麦	江苏	黄棕壤（中偏＋）	缅甸	黑粘土（－）
100110	小麦	山东	黑土（－）	—	—
100400	燕麦	山西	黄绵土（中偏＋）	—	—
100500	玉米	沈阳	黑土（－）	马来西亚	湿陷性黄土
100600	大米	江苏	黄土（中性）	泰国	淋溶土（－）
140310	高粱	吉林	黑土、褐土	越南	红壤（－）
100820	粟	山西	黄绵土（中偏＋）	—	—
120100	黄豆	黑龙江	黑土（－）	老挝	红壤（－）
230600	花生	河南、山东	黑土（－）	印度尼西亚	黑粘土（－）
71410	木薯	四川、重庆	紫色（中偏＋）	老挝	灰化土（＋）
530110	亚麻	新疆、黑龙江	黑土（－）	马来西亚	红壤（－）
120600	向日葵籽	内蒙古	黑土（－）	马来西亚	红壤（－）
71120	油果（橄榄）	陕西	砂壤（中偏＋）	—	—
121300	稻草	湖南	红壤（－）	缅甸	黑粘土（－）
121410	苜蓿	内蒙古	黑土（－）	缅甸	黑粘土（－）
121100	其他植物	云南、贵州	红壤（－）	泰国	淋溶土（－）
130190	天然树胶	海南	赤红壤（－）	泰国	淋溶土（－）
170410	蔬果胶	海南	赤红壤（－）	印度尼西亚	黑粘土（－）
530200	编织植物	云南	红壤（－）	印度尼西亚	黑粘土（－）
240100	烟草	云南	红壤（－）	泰国	淋溶土（－）
121292	甘蔗	广西	红壤（－）	印度尼西亚	黑粘土（－）
121291	甜菜	新疆	砂壤（中偏＋）	印度尼西亚	黑粘土（－）
520100	棉花	新疆、河南	砂壤（中偏＋）	缅甸	黑粘土（－）

注："—"表示无相关资料。土壤性质酸性标记为（－），碱性标记为（＋）。

资料来源：笔者根据 2013 年《中国农业年鉴》《2014 中国国土资源统计年鉴》、CAFTA 网站（www. chinaaseantrade. com）等相关资料整理而得。

（二）气象数据

本节测算所需的气象数据，主要来自联合国 ClimWat2.0 数据库中的亚洲子数据库，该数据库包括了中国各省（区、市）的省会（首府）城市和东盟十国各国首都的气象站数据。对于东盟出口中国的农作物，根据农作物产量及出口量选取相应的东盟国家的气象站数据。需要说明的是，目前，关于虚拟水贸易的实证研究多以产量为统计口径选取气象站数据，但考虑到本节研究的是中国－东盟的农作物虚拟水贸易，在东盟十国中，农作物产量最大的国家不一定是对中国出口该产品最多的国家，若仅依据产量而忽略出口量，测算出的单位农作物需水量乃至东盟出口到中国的农作物产品虚拟水量可能被低估，而被低估的农作物虚拟水贸易指标将不能准确反映水资源要素流动的实际情况，同时，也不能准确体现水资源要素禀赋对双边农作物虚拟水贸易的影响程度及虚拟水贸易的作用。如 2014 年，泰国在东盟国家中大米产量最大，而菲律宾对中国出口大米最多，且其大米产量也位居东盟国家前列，那么，在测算东盟出口中国大米的虚拟水量时，应选取菲律宾的首都而非泰国的首都的气象数据，测算结果将更为准确、适用。对于中国出口东盟的农产品虚拟水的气象资料，则根据 2013 年、2014 年《中国农业年鉴》，选取相关农作物产量、出口量最高的省（区、市）的省会（首府）城市的气象数据。

（三）农作物单位面积产量数据

联合国世界粮农组织数据库（以下简称 FAOSTAT）提供了中国以及东盟各国 2013 年和 2014 年的农作物单位面积产量的数据。其中，中国出口东盟的农作物单位面积产量是各地农作物单位面积产量的平均值，而东盟出口中国的农作物单位面积产量，以东盟每种作物对中国出口量最大的国家的单位面积产量为准。

三、测算过程及测算结果分析

本节采用的测算软件是联合国世界粮农组织开发的 ClimWat 2.0 软件和 CropWat 8.0 软件。测算时，先通过 Climwat 2.0 软件获取产地气候的各种指标，在确定了作物播种时间、生长期及土壤性质的情况下，利用

CropWat 8.0 软件测算出参考农作物蒸发蒸腾所消耗的水量，其后，根据式（4－2）给出的单位面积内单一农作物生长期的需水量，除以区域内该农作物的单位面积产量，得出区域内该农作物的单位需水量即每吨农作物的需水量，再乘以农作物贸易量，从而求出该农作物虚拟水的贸易量。表4－1列出了中国－东盟农作物贸易虚拟水测算选择的农作物样本情况，描述了主要出口来源地以及各地的土壤情况，根据这些样本利用CropWat 8.0 软件可以得出净辐射量、土壤热流量、平均气温、风速、蒸汽压力、蒸汽压力差异、蒸汽压力曲线斜率、干湿度常量等指标，从而运用彭曼公式计算出单一农作物生长期的需水量。

对于各项测算指标的准确性而言，地理位置的选择尤为重要，体现了农作物虚拟水贸易的水、土等自然资源的重要性。

如表4－1所示，首先，从中国对东盟农作物虚拟水贸易的主要出口省区的省会（首府）城市来看，花卉产品在中国以云南省省会城市为样本城市来选取指标，在东盟以泰国、越南两国的首都为样本城市来选取指标；蔬菜产品在中国以广西、山东、四川等省区的省会（首府）城市来选取指标，在东盟以马来西亚、缅甸、老挝等国的首都为样本城市来选取指标；水果产品在中国主要以广东、广西和新疆的省会（首府）城市为样本城市来选取指标，在东盟以马来西亚、菲律宾、泰国的首都为样本城市来选取指标；粮食产品在中国以江苏和山东的省会城市为样本城市来选取指标，在东盟以泰国、越南等国的首都为样本城市选取指标。其次，在各地区土壤及与CAFTA各国的农作物生产之间的联系方面，不同种类的农作物要求不同酸碱性质的土壤，有些农作物对酸碱度的反应很敏感，如甜菜、紫花苜蓿、苹果需要中性土壤或微碱性土壤，不适宜酸性土壤；土豆、胡萝卜需要强酸性土壤或酸性土壤，中性土壤不适宜其生长；有些作物，如芝麻、黑麦、荞麦、油菜、萝卜等适应性则较强。此外，农作物扎根于土壤，可从土壤中吸取其所需的水分。降水、地表水和地下水都必须在形成土壤水之后，才能被农作物利用。土壤水既是植物水分循环的水源基础，又是土壤肥力的重要组成部分，其水分物理特性制约着植物对水分的有效利用。

2014 年中国部分城市降水量，见表4－2。

表 4－2

2014 年中国部分城市降水量

单位：毫米

城市	1月	2月	3月	4月	5月	6月	7月	8月	9月	10月	11月	12月	全年
北京	—	2.0	2.5	39.4	58.5	94	86.8	63.9	90.9	22.9	21.3	5.7	403.3
天津	—	2.9	4.6	28.3	21.4	11.9	196.1	177.0	18.7	9.9	11.2	7.5	490.0
石家庄	—	6.9	—	65.6	0.4	38.5	193.0	54.0	70.3	37.6	2.5	1.8	470.6
太原	—	1.1	—	48.9	2.6	26.2	43.2	61.2	89.3	33.7	4.1	2.3	312.6
呼和浩特	—	6.3	3.7	17.3	9.8	47.9	102.3	91.3	101.0	18.3	7.1	6.8	412.2
沈阳	0.2	3.6	12.0	4.1	894.0	108.9	107.5	446.9	30.0	9.4	41.6	21.1	874.7
长春	0.4	3.9	14.4	0.5	83.6	205.0	125.0	170.0	43.3	22.2	19.9	21.3	710.0
哈尔滨	1.8	—	12.4	12.9	88.3	86.3	162.0	1572.0	69.5	7.8	10.6	15.0	623.5
上海	61.0	148.0	46.2	63.8	53.1	128.0	1374.0	307.0	230.0	111.0	22.5	96.0	1404.4
南京	52.0	90.4	37.6	51.5	41.1	109.0	63.9	123.0	51.4	1.4	41.7	59.1	721.8
杭州	96.0	234.0	113.0	77.8	117.0	204.0	208.0	347.0	105.0	27.9	26.1	94.9	1650.3
合肥	55.0	88.0	12.9	46.7	47.9	157.0	208.0	51.3	11.9	17.8	48.0	24.3	581.6
福州	5.3	90.8	186.0	177.0	121.0	3274.0	283.0	78.0	11.3	28.5	0.1	38.1	1346.2
南昌	112.0	197.0	248.0	225.0	95.3	330.0	258.0	45.0	18.6	5.7	16.2	63.0	1613.4
济南	—	5.4	0.7	35.4	21.5	18.8	141.0	367.0	330.0	31.7	29.8	19.5	703.4
郑州	13.0	11.8	2.0	29.6	0.6	86.1	99.9	254.0	41.3	81.8	4.0	8.5	633.4
武汉	60.0	66.0	60.5	145.0	189.0	336.0	62.1	14.4	1.6	35.6	56.7	27.1	1053.3
长沙	85.0	107.0	1527.0	118.0	190.0	197.0	140.0	57.1	3.2	65.6	37.9	65.6	1218.0
广州	2.0	165.0	181.0	413.0	350.0	460.0	261.0	480.0	105.0	39.5	—	5.6	2459.0

续表

城市	1月	2月	3月	4月	5月	6月	7月	8月	9月	10月	11月	12月	全年
南宁	40.0	57.9	112.0	95.9	127.0	289.0	235.0	211.0	12.9	31.4	7.0	3.6	1222.0
海口	18.0	21.1	9.6	39.7	385.0	199.0	173.0	523.0	264.0	144.8	12.3	10.1	1798.0
重庆	19.0	7.4	49.0	186.0	160.0	237.0	230.0	103.0	95.2	233.0	60.1	27.9	1406.0
成都	6.4	10.4	34.4	47.4	118.0	47.5	280.0	219.0	249.0	76.2	19.9	0.3	1107.0
贵阳	57.0	30.0	45.8	99.7	254.0	250.0	207.0	33.7	130.0	117.2	20.3	10.4	1254.0
昆明	32.0	5.7	4.5	7.1	20.1	94.1	280.0	121.0	186.0	74.2	7.5	9.0	840.0
拉萨	—	—	3.0	6.7	29.0	2.7	202.0	133.0	101.0	11.5	1.5	—	491.0
西安	6.6	9.1	1.3	56.7	21.2	113.0	556.0	80.8	164.0	56.8	9.7	0.3	574.0
兰州	2.2	1.9	1.3	21.7	56.7	47.0	51.1	33.0	29.4	30.8	0.9	0.5	276.0
西宁	2.4	2.4	4.1	22.0	52.4	95.8	69.8	130.0	125.0	29.4	2.5	1.1	536.0
银川	0.4	—	0.2	5.5	15.0	86.7	4.8	2.7	14.5	11.2	4.4	0.1	145.5
乌鲁木齐	2.5	11.5	—	23.5	61.0	15.6	6.7	5.4	31.7	13.9	36.7	184.0	226.9

注："—"表示无数据。

资料来源：笔者根据《中国统计年鉴2019》的相关数据整理而得。

从表 4 - 2 可知，涉及中国 - 东盟农作物虚拟水贸易的中国部分城市的年降水量均不低，特别是广东、广西、四川等省区的城市年降水量均超过 1000 毫米。土壤含水量是指，土壤所含水分数量占干土重量的百分比，即含水率，用于表示土壤湿度，是分析土壤水及产生径流时不可缺少的参数。

中国几种主要农作物播种出苗期间对土壤含水率的要求，见表 4 - 3。结合表 4 - 1、表 4 - 3 可以看出，中国 - 东盟农作物虚拟水贸易所涉及的农作物对土壤含水率的要求较高。土壤的吸湿水量，见表 4 - 4，表中显示，中国出口东盟农作物虚拟水贸易的主要地区，如广西、云南、山东、黑龙江以及四川等地的土壤吸湿水量均较高，而东盟国家主要出口地泰国、印度尼西亚、马来西亚以及缅甸的土壤吸湿水量要高于中国主要出口地的土壤吸湿水量。

表 4 - 3　　中国几种主要农作物播种出苗期间对土壤含水率的要求　　单位:%

含水率界限	作物	粘土	壤土	砂壤土	砂土
一般农作物适合的土壤含水量	大多数作物	22	18	16 ~ 20	12 ~ 16
最低含水率界限（低于此界限，播种后不能保证出苗）	小麦	16 ~ 17	13 ~ 14	11 ~ 12	9 ~ 10
	玉米	16 ~ 18	14 ~ 16	11 ~ 13	10 ~ 11
	高粱	14 ~ 15	12 ~ 13	10 ~ 11	7 ~ 8
	谷子	14 ~ 15	12 ~ 13	10	6 ~ 7
	棉花	18 ~ 20	15 ~ 17	12 ~ 14	10 ~ 12

资料来源：杨培岭. 土壤与水资源学基础 [M]. 北京：中国水利水电出版社，2005.

表 4 - 4　　　　　　　　土壤的吸湿水量　　　　　　单位:%

土壤质地	细砂土	壤质砂土	砂壤土	轻壤土	中壤土	粘土	重粘土	泥炭土
吸湿水量	0.034	1.06	1.4	2.09	3	4.4	6.54	18.42

注：*吸湿水量又名吸湿系数，代表土粒表面的吸水能力，以 100 克干土置于潮湿空气中任其吸收空气中水分，当饱和时（土壤重量不再增加）超过 100 克的部分即为吸湿水量或吸湿系数。

资料来源：引自杨培岭. 土壤与水资源学基础 [M]. 北京：中国水利水电出版社，2005.

2016 年中国与东盟主要农作物贸易虚拟水量及占比，见表 4 - 5，2017 年中国与东盟主要农作物贸易虚拟水量及占比，见表 4 - 6。需要说

表4-5 2016年中国与东盟主要农作物贸易虚拟水量及占比

农作物名称	中国				东盟			
	单位面积农作物需水量（m³/hm²）	出口东盟农产品量（吨）	出口东盟农产品虚拟水量（10⁴ m³）	占比（%）	单位面积农作物需水量（m³/hm²）	出口中国农产品量（吨）	出口中国农产品虚拟水量（10⁴ m³）	占比（%）
土豆	3672.50	236564.900	22922.9500	8.0	4149.925	267318.30	25902.930	—
葱	8952.99	370454.100	8241.1580	3.0	10116.880	418613.10	9312.509	—
蒜	8952.99	473155.200	15266.9000	5.3	10116.880	534665.40	17251.600	0.03
菜用豆类	2943.65	73400.510	11050.0300	3.9	3326.325	82942.58	12486.530	20.70
木薯	7182.28	1655292.000	65351.8700	22.8	8115.976	1870480.00	73847.610	—
梨	8913.44	301561.000	17402.0300	6.0	10072.190	340763.90	19664.260	—
柑橘	7247.82	605254.900	16630.2600	5.8	8190.037	683938.00	18792.190	—
苹果	8832.08	473339.300	22469.2300	7.8	9980.250	534873.40	25390.230	—
其他水果	9128.14	130779.400	4525.5940	1.6	10314.800	147780.70	5113.921	10.61
茶叶	13050.37	11077.390	11632.6000	4.0	14746.920	12517.45	13144.840	0.20
香料	12142.98	4011.274	27028.3600	9.4	13721.570	4532.74	30542.050	0.07
大米	9569.97	13404.290	892.7452	0.3	10814.070	15146.85	1008.802	61.98
瓜子	5330.21	46565.270	12551.3400	4.4	6023.137	52618.76	14183.010	—
烟叶	4204.73	59781.970	10787.1000	3.8	4751.345	67553.63	12189.420	0.01
其他	—	1030135.000	39874.3400	13.9	—	1164053.00	45058.000	6.40
总出口虚拟水量	—	—	286626.5000	100.0	—	—	323888.000	100.00

注：表中的其他农作物包括联合国粮农组织数据库中统计的中国和东盟贸易的另外40种农作物，中国与东盟间这些农作物虚拟水贸易量较小，在此表中汇总进行统计，各产品需水量不一，汇总后单位面积需水量省略。"—"表示无数据。

资料来源：笔者根据联合国商品贸易数据库（Uncomtrade）、CLIMWAT2.0数据库、FAOSTAT数据库及《中国农业统计年鉴2017》等的相关数据计算整理而得。

表4-6　2017年中国与东盟主要农作物贸易虚拟水量及占比

农作物名称	中国				东盟			
	单位面积农作物需水量（m³/hm²）	出口东盟农产品量（吨）	出口东盟农产品虚拟水量（10⁴m³）	占比（%）	单位面积农作物需水量（m³/hm²）	出口中国农产品量（吨）	出口中国农产品虚拟水量（10⁴m³）	占比（%）
土豆	3672.50	8856.206	26084.6800	8.40	5027.37	0	0	0
葱	8952.99	1353698.000	30114.5000	9.68	3982.12	633.6712	62.25486	—
蒜	8952.99	1036684.000	33449.8000	10.75	4912.11	130.3455	7.80830	—
菜用豆类	2943.65	3150.206	474.2497	0.10	4509.83	2984.2000	92.82950	0.02
木薯	7182.28	1655292.000	65351.8700	21.08	7133.69	10138696.0000	892103.80000	26.23
梨	8913.44	301561.000	19013.4100	6.11	9668.28	0.12882	3.39000	—
柑橘	7247.82	605254.900	20764.9300	6.68	9645.68	885.5358	45.20000	—
苹果	8832.08	441373.700	20951.8300	6.74	10555.33	0	0	0
其他水果	9128.14	131208.600	5258.6250	1.69	12305.70	1804749.0000	310357.90000	9.13
茶叶	13050.37	11323.730	12278.3900	3.95	12905.73	9402.9110	6603.22300	0.19
香料	12142.98	4011.274	27028.3600	8.69	7743.89	6855.1450	2034.20300	0.05
大米	9569.97	78089.610	5200.8820	1.67	9799.36	2365716.0000	1983382.00000	58.32
瓜子	5330.21	1374.109	370.3914	0.12	—	13795.9200	3787.09300	0.11
烟叶	4204.73	60010.830	1247.0790	0.40	4087.21	1341.5360	469.74100	0.01
其他	—	1053794.000	43353.3500	13.94	—	2133341.0000	201278.50000	5.92

注：表中的其他农作物包括了联合国粮农组织数据库中统计的中国和东盟贸易的另外40种农作物，中国和东盟间这些农作物虚拟水贸易量较小，在此表中汇总统计进行统计，各产品需水量不一，汇总后单位面积需水量省略。"—"表示无数据。

资料来源：笔者根据联合国商品贸易（Uncomtrade）数据库、CLIMWAT 2.0数据库、FAOSTAT数据库及《中国农业统计年鉴2014》等的相关数据计算整理而得。

明的是，所测算出的双边农作物单位面积，单位面积农作物需水量在联合国关于作物需水量的指导值范围之内，同时，与 A. Y. 霍克斯特拉（A. Y. Hoekstra，2003）的单位面积农作物虚拟水量基本吻合，存在的误差主要是由农作物耕种日期的选择和各国气候条件、土壤条件等差异造成的。2013 年中国与东盟相互出口的各类农产品虚拟水量比较，见图 4－1。

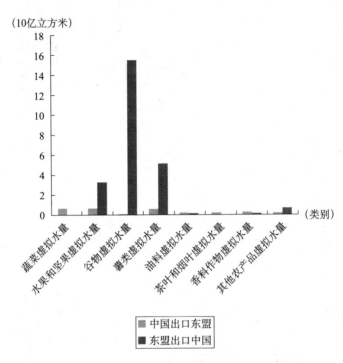

图 4－1 2013 年中国与东盟相互出口的各类农产品虚拟水量比较

注：图中的其他农作物包括了联合国粮农组织数据库中统计的中国和东盟贸易的另外 40 种农作物，中国和东盟间这些农作物虚拟水贸易量较小，在此图中汇总进行统计，各产品需水量不一，汇总后单位面积需水量省略。农作物类别根据 2013 年《中国农业年鉴》中的统计类别进行分类。

资料来源：笔者根据联合国商品贸易（Uncomtrade）数据库、CLIMWAT 2.0 数据库、FAOSTAT 数据库及 2017 年《中国农业年鉴》等的相关数据计算整理绘制而得。

具体测算结果及分析有以下三点。

第一，双边农作物虚拟水贸易产品水要素密集度及要素禀赋有四点。

其一，在中国对东盟出口的农作物中，需水量较大即水要素密集度较高的是水果、茶叶、香料、木薯、大米及葱、蒜等，其中，除大米外，均是中国出口东盟虚拟水量较大的农作物。这些农作物大多产自水资源相对丰裕的四川、广西和云南等西南省区，2016年，该地区出口东盟的农作物虚拟水量占中国出口东盟的虚拟水总量的52%以上，2017年则达到65%以上，这说明中国水资源相对丰裕的地区对东盟的农作物出口量有所增加。

其二，中国从东盟进口的水要素密集度较高的农作物为大米、水果和木薯，2016年这三类农作物虚拟水进口量占中国从东盟进口农作物虚拟水总量的比重为93.29%，2017年达到93.68%，主要来自东盟水资源要素丰裕的越南、泰国和老挝。

其三，双边虚拟水出口量大的农作物均为本国的水资源密集型农作物，中国的人均水资源比大部分东盟国家低，而2016年中国从东盟进口的农作物虚拟水是向东盟出口的9.74倍，2017年达到10.9倍。

其四，通过比较2016年、2017年的中国和东盟农作物虚拟水贸易数据，我们发现一些变化。从农作物总量来看，2017年无论是中国对东盟农作物虚拟水的出口量还是进口量，比2013年均有所增加，但进口量增加53.94亿立方米，出口量增加2.15亿立方米，进口增幅明显大于出口增幅，因此，2017年，中国与东盟农作物虚拟水贸易的贸易逆差进一步扩大。从单一农作物的变化来看，在出口方面，2017年中国对东盟的蔬菜类虚拟水出口量及大米虚拟水出口量均比2016年有所增加，蔬菜及大米等农作物均为水资源密集型产品；而中国对东盟的瓜子虚拟水出口量、烟叶虚拟水出口量减少，瓜子、烟叶等农作物为含水量相对较少的农产品。

在进口方面，2017年中国从东盟进口的木薯、大米、水果等农作物的虚拟水量，均比2016年增加。因此，2016年和2017年的数据比较结果说明，中国对东盟国家的农作物虚拟水进口依赖性增强。最后，我们还发现，大部分水资源要素密集型农作物的出口量比水资源要素稀缺型农作物出口量要大，相对应的农作物虚拟水贸易量及占比也较大。这说明，不仅水资源要素影响农作物的出口量，还会影响农作物虚拟水贸易量。可见，水资源要素是中国与东盟开展农作物贸易时比较优势的重要来源之一。

第二，从中国－东盟双边农作物虚拟水贸易的种类来看，呈现三点特征。

其一，中国向东盟出口的富含虚拟水的农作物种类较多，主要有蔬菜、水果、薯类、烟叶茶叶及香料作物等，需水量最大的甘蔗、芒果、肉桂、天然树胶等农作物均有少量出口；而从东盟进口的富含虚拟水的农作物种类单一，主要是谷物中的大米、薯类中的木薯以及水果类，其中，仅大米虚拟水的进口量 2016 年占比就达 61.98%，2017 年占比略有下降，为 58.32%。

其二，中国－东盟农作物虚拟水贸易体现了进口需求差异互补的特征，中国主要从东盟进口大米，主要向东盟出口蔬菜、茶叶、烟叶、香料、水果等，这些不同种类农作物的相互进口说明中国与东盟的农作物对外需求有差异，呈互补状态。

其三，中国－东盟水果虚拟水贸易体现出产业内贸易的特点。2016年中国－东盟水果贸易的虚拟水出口量均分别占各自农作物虚拟水总出口量的 10% 以上，2017 年占 9% 以上，具有一定的出口规模，表明双边均相互进出口大量水果。从水果种类来看，中国出口东盟的主要是苹果、梨、柑橘和葡萄等，而进口的主要是香蕉、果用瓜、火龙果、龙眼和榴莲等，双边的水果贸易呈现出明显的互补性，这为双边水果产业内贸易的发展奠定了基础。2014 年中国与东盟相互出口的各类农作物虚拟水量比较，见图 4－2。虽然中国与东盟相互出口木薯虚拟水和水果虚拟水，但东盟的出口量均远远超过中国的出口量。例如，2016 年，木薯虚拟水的东盟出口量是中国出口量的近 9 倍，2017 年则达到 13 倍以上，表明中国与东盟木薯虚拟水贸易中的中国贸易逆差扩大。另外，中国从东盟进口了大量大米及其虚拟水，不仅有助于节约水资源，也在一定程度上缓解了粮食安全压力。

第三，从虚拟水贸易理论基础来看，2016 年，中国向东盟出口农作物虚拟水共计 25.365 亿立方米，而从东盟进口农作物虚拟水共计 247.042 亿立方米，中国对东盟农作物贸易虚拟水逆差即净进口额达到 221.677 亿立方米。相比 2016 年，2017 年中国向东盟出口农作物虚拟水共计 27.517 亿立方米，而从东盟进口农作物虚拟水共计 300.979 亿立方米，中国对东盟农作物贸易虚拟水逆差即净进口额达到 273.462 亿立方米。2016 年、2017 年的中国－东盟水资源要素的贸易净值均体现了 H－O－V 模型的内涵。赫克歇尔－俄林－瓦内克（H－O－V）模型是瓦内克（1968）对于 H－O 理论的拓展性研究成果。该文献认为，某一要素禀赋相对丰裕的国家会成为该要素的净出口国和另一种要素的净进口国。中国－东盟农作物贸易水资源要素净进口值表现为净贸易量小于零，即存在净要素流入，可以解释为水资源要素禀赋相对匮乏的中国净进口了东盟国家的水资源要素，同时，水资源要素禀赋相对丰裕的东盟国家向中国净出口了水资源要素。

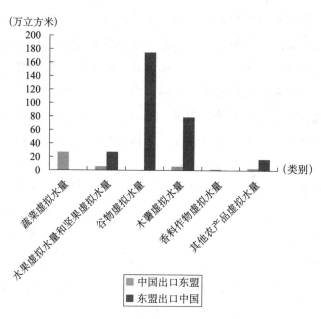

图 4 - 2　2014 年中国与东盟相互出口的各类农作物虚拟水量比较

注：农作物类别系根据《中国农业年鉴》中的统计类别进行分类。

资料来源：笔者根据表 4 - 6 的相关数据整理绘制而得。

四、小结

本节利用联合国粮农组织推荐的彭曼公式，测算了中国与东盟农作物虚拟水贸易量。简要总结为以下三点。

第一，测算结果从自然条件方面说明了中国与东盟国家农作物虚拟水贸易中的农作物在生产过程中的资源禀赋差异。中国广东、广西、云南、四川以及江苏等地年降水量丰富，是水稻、水果、花卉、木薯等农作物的主产区，这些农作物均为水资源密集型产品。其中，水果和木薯是中国出口东盟的主要农产品。另外，以上地区的土壤性质对农作物利用蓝水非常有利，土壤吸湿水量较多。而东盟国家农作物主要出口国泰国、印度尼西亚、缅甸以及菲律宾的土壤吸湿水量要高于中国主要出口地的土壤吸湿水量，非常有利于水资源密集型农作物的生长。

第二，通过对农作物虚拟水量的测算可知，双边农作物贸易的基本特征有四点。其一，东盟大部分国家的水资源要素禀赋相对充裕，人均水资源比中国的人均水资源丰富，中国从东盟进口水资源密集型农作物较多，水资源要素是双边开展农作物虚拟水贸易及农作物贸易的重要比较优势来源；其二，中国从东盟进口的农作物虚拟水主要以大米、木薯及水果等水资源密集型产品为载体，中国出口东盟的农作物虚拟水主要以水果、茶叶、木薯、香料等水资源密集型产品为载体，中国对东盟的农作物虚拟水进口量远远大于出口量，贸易逆差明显，双边农作物虚拟水贸易的实际状况印证了 H－O－V 模型；其三，中国对东盟农作物虚拟水贸易的出口结构合理，包括蔬菜、水果、茶叶、烟叶、油料、香料等，进口结构相对单一，主要是谷物中的大米、薯类中的木薯以及水果类；其四，中国－东盟农作物虚拟水贸易，使得中国通过进口补偿了大量水资源，同时，大米的大量进口有助于缓解粮食安全压力。

第三，以彭曼公式为基础的农作物虚拟水量的测算方法，比较适合于单一农产品且主要是单一农作物的测算。因为林牧副渔产品种类较多，且各种类别利用的水源不一致，比如，农作物及林业产品生长主要依赖于蓝水和绿水，而动物及渔业产品则主要依赖于蓝水和灰水，所以，在测算的统计口径上较难统一，具体到部门的需水数据也很缺乏。这也可以说明，虽然目前对动物产品虚拟水的测算已有一些研究，但仍较难保证其测算的准确性。因此，如欲测算广义层面上的农产品虚拟水贸易量，还需要考虑采用其他方法。

第三节　中国－东盟农业虚拟水贸易量测算
——基于投入产出法

本节在中国投入产出学会编制的投入产出表基础上，借鉴了价值—实物型水资源投入产出表，通过计算完全用水系数，结合中国－东盟进出口农产品（即广义上的农产品，包括农作物和林牧副渔等其他产品）数据，最终计算得出中国－东盟农业虚拟水贸易量，从产业角度考察了中国－东盟农产品虚拟水贸易量。基于测算结果，可以根据中国农业用水系数、中国与东盟十国总体的农产品虚拟水进出口量、净贸易量，以及中国与东盟各国的农产品虚拟水进出口量、净贸易量等指标，具体分析论证中国与东盟各国的农产品虚拟水贸易现状和特征。

一、投入产出法概述

（一）投入产出法及其运用于虚拟水测算的优势

1. 投入产出法的含义

投入产出法由 W. 里昂惕夫（W. Leontief）于 20 世纪 30 年代首次提出，该方法说明了产品生产与生产要素交换以及各经济部门间的关系。其中，投入是指，产品生产和服务过程中对各种生产要素的使用和消耗，包括来自其他部门的中间投入、劳动力和固定资产等；产出是指，最终产品的分配去向，分为中间产出和最终产出。中间产出是作为要素再次投入生产的产品，最终产出指用于消费、投资和出口的产品。

2. 投入产出法应用于虚拟水测算的指标口径

第一，从产品生产需水的角度来看，存在着用水量和耗水量的差别。例如，通过计算生产饲料的需水量得出动物产品的虚拟水，而初级农作物的虚拟水是从耗水量的角度进行测算的。此外，采用投入产出法测算同一产业的虚拟水时，两种口径均可，但对不同产业虚拟水的测算应注意统一口径。

第二，从贸易角度来看，因为产品存在生产地和消费地的区别，所以，虚拟水的测算也可根据产品的选择口径进行。不同地区的生产条件不同，产品生产的需水情况也就不同，两种方法的测算结果也会不同。在对全球性的虚拟水贸易量进行测算时，既有文献均采用了不同方法，也就是说，上述两种方法均有采用。但在测算某地区虚拟水贸易量时，往往使用消费地的生产数据，以便更好地反映虚拟水贸易对本地水资源量的影响。

3. 投入产出法运用于虚拟水测算的优势

基于前两节的论证分析可以发现，以彭曼公式为基础的测算方法存在不足，难以测算广义层面的农产品虚拟水含量。因此，近年来，学者们提出了虚拟水贸易和虚拟水消费的投入产出分析方法，可以有效地弥补以上不足，该方法的优势有以下两点。

第一，投入产出法可以真实地反映各行业的用水情况，此种方法将各行业用水量纳入国民经济行业价值型投入产出表，构造出价值—实物型投入产出表，将传统的价值型投入产出表和水资源在生产过程中的物质循环描述结合起来，在投入产出模型之外构造了单独的水资源利用分析模块，有助于科学合理地描述各行业的虚拟水及水资源利用的整体情况。

第二，运用投入产出法测算虚拟水量的优势还在于，一是覆盖范围全面，包括所有经济部门以及所有产品；二是可根据已有的投入产出关系，避免了测算单一产品时需要考虑的在生产过程中迁移转换的复杂性问题，测算过程相对简单，测算口径统一，可操作性强；三是只要投入产出关系表和部门用水量统计这两类数据准确，测算结果就比较可靠；四是通过考察虚拟水在国民经济生产体系中的流向和流量，能够为各部门开展节约用水和实施虚拟水贸易策略提供重要依据，有利于缓解目前中国面临的水资源紧缺状况。

（二）投入产出表

价值型国民经济投入产出表又称为部门联系平衡表，是反映一定时期内各部门间相互联系和平衡比例关系的一种平衡表。价值型国民经济投入产出表，见表4－7，由中间使用和中间投入共同反映的部分为第Ⅰ象限，即物质交流象限，用以反映部门之间的相互关联，体现的是投入产出关系。由最终使用与中间投入共同反映的部分为第Ⅱ象限，即最终用途象限，用以反映每个部门产品（劳务）的最终使用情况，表示最终需求关系。由中间使用和增加值合计共同反映的部分为第Ⅲ象限，即增加价值象限，用以表示增加价值关系，反映每个部门所消耗最初投入的情况。由最终使用与增加值合计共同反映的部分为第Ⅳ象限，为直接购买象限，用以表示直接购买要素关系，主要反映转移支付。在一般的投入产出表中，第四象限通常显示为空白，原因在于，迄今尚未从方法论上科学地说明第四象限如何反映国民收入再分配的全过程。

目前，中国投入产出学会编制的投入产出表，属于价值型国民经济投入产出表。

表4－7　　　　　　　　　价值型国民经济投入产出表

产出投入		中间使用					最终使用				进口	其他	合计	总产出
		1	2	…	N	中间使用合计	消费	资本形成	出口	最终使用合计				
中间投入	1	x_{n1}	x_{n2}	…	x_{nn}	$\sum_{j=1}^{n} x_{nj}$							Y_n	X_n
	2	$\sum_{i=1}^{n} x_{i1}$	$\sum_{i=1}^{n} x_{i2}$	…	$\sum_{i=1}^{n} x_{in}$								$\sum_{i=1}^{n} Y_i$	$\sum_{i=1}^{n} X_i$
	⋮	⋮	⋮	⋮	⋮	⋮							…	
	N	x_{n1}	x_{n2}	…	x_{nn}	$\sum_{j=1}^{n} x_{nj}$							Y_n	
	中间投入合计	$\sum_{i=1}^{n} x_{i1}$	$\sum_{i=1}^{n} x_{i2}$	…	$\sum_{i=1}^{n} x_{in}$								$\sum_{i=1}^{n} Y_i$	X_n
增加值合计		N_1	N_2	…	N_n	$\sum_{j=1}^{n} N_j$								
总投入		X_1	X_2	…	X_n	$\sum_{j=1}^{n} X_j$								

资料来源：笔者根据中国投入产出学会编制的投入产出表整理绘制而得。

根据表4－7，我们可以描述的行列平衡关系为：

1. 横向（行）平衡关系：中间产品 + 最终产品 = 总产出

用公式表示为：

$$\sum_{i=1}^{n} x_{ij} + Y_i = X_i \quad (j = 1,2,3,\cdots,n) \tag{4-4}$$

在式（4-4）中，X_i 表示第 i 部门的总产出；$\sum_{i=1}^{n} x_{ij}$ 为中间使用的产品，即中间产品，这部分表现为投入产出表第 I 象限的内容。从横向看，$\sum_{i=1}^{n} x_{ij}$ 是"中间使用"，表示各行业某一产品部门为其他产品部门的本期生产活动所提供的产品，包括市内生产和市外流入（含进口）的货物和服务；从纵向看，$\sum_{i=1}^{n} x_{ij}$ 是"中间投入"，表示某一产品部门在生产过程中消耗的其他产品部门的货物和服务。第 I 象限是投入产出表的核心。式（4-4）中的 Y_i 为最终使用部分，表示投入产出表第 II 象限的内容。最终使用包括"消费""资本形成"和"出口"，反映了各产品部门的货物或服务用于各种最终使用的数量和构成。价值型投入产出表的第 I 象限和第 II 象限连接起来，可以反映全社会货物和服务在产出方向的分配使用情况，即总产出。

2. 纵向（列）平衡关系：中间投入 + 增加值 = 总投入

用公式表示为：

$$\sum_{j=1}^{n} x_{ij} + N_i = X_i \quad (j = 1,2,3,\cdots,n) \tag{4-5}$$

在式（4-5）中，N_i 表示第 i 部门的增加值合计，中间产品表示投入产出表第 III 象限的内容；X_i 表示第 i 部门的总投入；$\sum_{j=1}^{n} x_{ij}$ 表示"最初投入"部分反映各产品部门最初投入（即增加值）的形成过程和构成情况，体现了国民生产总值的初次分配。第 I 象限和第 III 象限连接在一起，反映了国民经济各部门在生产经营活动中的投入情况。

（三）价值型投入产出表的重要系数

1. 直接需求系数

直接需求系数表示第 j 部门每生产一单位产品所需要的第 i 部门的产品数量。我们知道，x_{ij} 表示第 j 部门在生产过程中对第 i 部门产品的需求数量，

X_j 表示第 j 部门的总产出，可以得到直接消耗系数 a_{ij}，如式（4-6）所示：

$$a_{ij} = \frac{x_{ij}}{X_j} \quad (i,\ j=1,\ 2,\ \cdots,\ n) \tag{4-6}$$

将式（4-6）代入式（4-4）可得：

$$
\begin{aligned}
a_{11}X_1 + a_{12}X_2 + \cdots + a_{1n}X_n + Y_1 &= X_1 \\
a_{21}X_1 + a_{22}X_2 + \cdots + a_{2n}X_n + Y_2 &= X_2 \\
&\vdots \\
a_{n1}X_1 + a_{n2}X_2 + \cdots + a_{nn}X_n + Y_n &= X_n
\end{aligned} \tag{4-7}
$$

那么，可得直接需求系数：

$$A = \begin{pmatrix} a_{11} & a_{12} & \cdots & a_{1n} \\ a_{21} & a_{22} & \cdots & a_{2n} \\ \vdots & \vdots & \vdots & \vdots \\ a_{n2} & a_{n2} & a_{n2} & a_{nn} \end{pmatrix} \tag{4-8}$$

在式（4-8）中，矩阵 A 被称为直接需求系数矩阵。

2. 完全需求系数

完全需求系数的经济含义，是第 j 部门每生产一单位产品对第 i 部门产品的总需求，包括直接需求和间接需求。

将式（4-7）进行整理可得：

$$\begin{pmatrix} a_{11} & a_{12} & \cdots & a_{1n} \\ a_{21} & a_{22} & \cdots & a_{2n} \\ \cdots & \cdots & \cdots & \cdots \\ a_{n2} & a_{n2} & a_{n2} & a_{nn} \end{pmatrix} \begin{pmatrix} X_1 \\ X_2 \\ \cdots \\ X_n \end{pmatrix} + \begin{pmatrix} Y_1 \\ Y_2 \\ \cdots \\ Y_n \end{pmatrix} = \begin{pmatrix} X_1 \\ X_2 \\ \cdots \\ X_n \end{pmatrix} \tag{4-9}$$

式（4-9）可以简化为：

$$AX + Y = X \tag{4-10}$$

在式（4-10）中，Y 为最终产品一维列向量，X 为总产出一维列向量。

再将式（4-10）整理如下：

$$X - AX = Y \tag{4-11}$$

$$(I-A)\ X = Y \tag{4-12}$$

$$X = (I-A)^{-1}Y \tag{4-13}$$

$$再令 B = (I - A)^{-1} \qquad (4-14)$$

在式（4-14）中，B 称为里昂惕夫逆矩阵，也称为完全需求系数矩阵。在采用投入产出法测算农业虚拟水贸易量时，需要使用完全需求系数。

二、投入产出法在中国 – 东盟农业虚拟水贸易量测算中的应用

（一）价值—实物型水资源投入产出表简介

中国 – 东盟农业虚拟水资源的投入产出分析，需要根据水资源的特性来构建。价值型的投入产出方法并不适合，原因在于水资源的价格机制尚不完善，水价无法真正体现其价值和投入。20 世纪 70 年代，H. O. 卡特等（H. O. Carter et al.）提出利用投入产出表来研究和分析水的利用问题和交换问题，将水资源量纳入国民经济行业的价值型投入产出表，构造出价值—实物型混合性的水资源投入产出表。本章将借鉴这一方法，即在水资源投入产出表的基础上，将水资源量纳入价值型投入产出表，价值—实物型水资源投入产出表，见表 4-8，主要是在价值型投入产出表之外单独构造水资源分析模块，即增加了各部门用水量的行向量，以考察各部门的水资源投入情况。

表 4-8　　　　　　价值—实物型水资源投入产出表

项目		中间使用	最终使用			进口	总产出
		部门 1，部门 2…… 部门 N 合计	最终消费	资本形成	出口		
中间投入	部门 1 部门 2 ⋮ 部门 n 合计	X_{ij}	Y_{ij}				X_i
	增加值	N_{ij}					
	用水量	w_i					
	总投入						

资料来源：笔者根据田贵良. 虚拟水贸易论［M］. 北京：中国水利水电出版社，2010 的相关资料整理而得。

如表4-8所示,实物型投入产出内容的添加表现在增加了各个部门的用水量数据,从而在原有的价值型投入产出表中纳入了各部门水资源投入的内容。因为水资源的政策性定价问题,所以,采纳用水量而不是用水总值的指标能够得出更为准确的核算结果。

(二)对中国进出口东盟各国农业虚拟水量的测算

1. 指标说明

(1)全部用水量、用水量和耗水量。水资源投入计算方法存在不同口径,由多到少包括全部用水量、用水量和耗水量。用水量包括并未被投入实际生产中的损耗的水。耗水量等于用水量减去污水和地下回归水,全部用水量等于用水量加上循环水总量,上述指标内容均包含用水量,则选择用水量作为水资源投入的计量依据。

(2)用水投入系数。本节选择生产用水作为水投入的基础。在经济体系中分析国民经济发展的用水效率时,以用水系数反映各部门用水效率的差异。价值—实物型水资源投入产出表,见表4-8,从中可以计算具有代表性的用水投入系数。比如,直接用水系数、间接用水系数以及完全用水系数。

①直接用水系数:

$$W_i = \frac{w_i}{X_i} \qquad (4-15)$$

在式(4-15)中,W_i表示i部门直接用水系数,表示i部门单位产值需要直接消耗多少单位的水。其中,w_i表示i部门的用水量,X_i表示i部门的总产出。

②完全用水系数:

$$Q_i^w = W_i (I-A)^{-1} \qquad (4-16)$$

在式(4-16)中,Q_i^w表示完全用水系数,表示i部门单位产值所需的整个经济体系的总用水量。其中,W_i为直接用水系数,$(I-A)^{-1}$为投入产出逆矩阵,也称里昂惕夫逆矩阵。

③间接用水系数:

直接用水系数以自然形态的水资源数量为主,现实生产中的中间投入品，也会产生对水的使用和消耗。虽然使用水资源发生的时间、地点以及消耗形式不同，但是，作为现实存在，也应当将这部分水计入部门用水总量。中间产品所使用的水为间接用水，自然形态的水资源数量加上其他部门的间接用水等于用水总量。直接用水系数与完全用水系数的差别，主要在于直接用水系数着眼于一个部门的生产过程，完全用水系数着眼于整个经济体系。间接用水系数表达式如下：

$$J_i^w = Q_i^w - W_i \qquad (4-17)$$

在式（4-17）中，间接用水系数 J_i^w 表示为满足 j 部门增加 1 单位的最终使用所需要的间接用水量。式（4-17）表示间接用水系数，其缺陷在于，没有考虑来自外部（进口）的水资源流入问题。

2. 测算方法

（1）中国出口东盟各国农业虚拟水量的测算方法。如式（4-18）所示，CASE$_i$ 表示中国出口东盟 i 行业的虚拟水含量，可通过式（4-8）求得：

$$CASE_i = Q_i CAEX_i = W_i (I-A)^{-1} CAEX_i \qquad (4-18)$$

在式（4-18）中，$W_i (I-A)^{-1}$ 表示中国 i 行业的完全用水系数，CAEX$_i$ 表示中国对东盟出口的 i 行业的总额。W_i 为中国 i 行业的直接用水系数，$(I-A)^{-1}$ 为投入产出逆矩阵，也称为里昂惕夫逆矩阵，反映直接消耗与完全消耗之间的关系。

（2）中国从东盟各国进口农业虚拟水量的测算方法。如果按照式（4-18）所示的出口产品虚拟水规模的测算过程，中国进口东盟国家 i 行业虚拟水的测算步骤为：先测算出东盟各国、各行业的完全用水系数，以行业为基础计算国别进口产品数量。因为进口国家数量众多，数据受到限制，难以计算全部行业用水系数，所以，使用"替代法"，用中国各行业用水系数的数据替代东盟各国相对应的各行业用水系数。

与式（4-18）所示的测算中国对东盟出口虚拟水量的思路类似，进口的 i 行业虚拟水含量为 CASM$_i$，见式（4-19）：

$$CASM_i = Q_i CAIM_i = W_i (I-A)^{-1} CAIM_i \qquad (4-19)$$

在式（4-19）中，$W_i (I-A)^{-1}$ 表示中国 i 行业的完全用水系数，

CAIM$_i$ 为中国从东盟进口的 i 行业的总额。W$_i$ 为中国 i 行业的直接用水系数，$(I-A)^{-1}$ 为里昂惕夫逆矩阵。

三、数据来源

为了尽可能准确地测算中国－东盟农业虚拟水贸易量，我们需要先计算出中国农业的完全用水系数和中国－东盟农产品进出口量，所需数据涉及三方面：价值—实物型投入产出表、各部门的用水量以及中国－东盟农产品进出口额，其数据来源有以下三点。

（1）因为本节所涉及的研究年限为 1994~2014 年，所以，需要用到 1994 年、1996 年、1998 年、2000 年、2002 年、2005 年、2007 年、2010 年、2012 年共 9 个投入产出表。其他年份数据以这些年份数据为基期，进行用水系数的计算。

（2）中国－东盟农业产品的进出口贸易量，根据联合国商品贸易（UN Comtrade）数据库的数据进行整理。

（3）2000~2019 年中国水资源及用水情况，见表 4－11，来源于中国水网和历年《中国水资源公报》。

在计算中国各行业间接用水量时需要使用水资源价格数据，水资源价格指标可采用各行业实际用水价格数据，中国部分直辖市、部分省会（首府）城市各行业用水价格情况，见表 4－9；1959~2050 年中国水资源影子价格测算值，见表 4－10，后者常用于宏观分析。通过对比可发现，水资源影子价格总体上要高于各行业实际用水价格，高出 0.5~1 元。本书需要使用中国各行业的实际用水价格数据，而不是总体的水资源价格数据，因此，还是选择表 4－9 中的各行业全国平均用水价格来计算各行业的间接用水量。从各行业的用水价格来看，第一，农业用水价格最低，但农业用水量最大，农业用水来源较多，主要以江水、河水、湖水灌溉为主；第二，特种行业用水价格最高；第三，部分城市居民用水实行阶梯水价制度；第四，东部地区、西部地区水价相对便宜，为中国水资源禀赋相对丰裕的地区。

表4-9　　中国部分直辖市、部分省会（首府）城市各行业用水价格情况

单位：元/立方米

城市	居民	农业	工业	服务业	特种行业	污水处理
济南	3.80～9.40	0.36	5.55	5.55	16.20	0.40
北京	3.64～7.64	0.40	5.15	5.15	5.57	3.00
天津	4.00	0.31	6.65	6.65	21.05	1.20
石家庄	2.83	0.36	—	—	—	—
太原	2.30～6.90	0.42	4.60	4.60	48.00	0.80
呼和浩特	1.50	—	4.00	4.00	10.00	0.60
沈阳	2.40	0.25	3.85	3.85	1.20	—
长春	4.20～8.40	0.31	8.00	8.00	16.00	0.80
哈尔滨	2.40	0.36	4.30	4.30	16.40	1.20
上海	1.92～4.30	0.30	2.89	2.89	16.49	2.34
南京	1.42～2.84	0.22	—	—	—	—
杭州	1.90～5.70	0.18	2.65	2.65	3.60	2.05
合肥	1.55～3.03	0.10	1.82	1.82	7.20	1.20
福建	1.40	0.10	1.70	1.70	3.00	1.10
南昌	1.58～4.74	0.16	2.37	2.37	7.90	1.00
郑州	1.65	0.24	3.15	3.15	9.35	0.80
武汉	1.52～3.04	0.24	2.35	2.35	9.00	1.37
长沙	1.63～3.16	0.31	2.49	2.49	5.76	1.35
广州	1.98～3.96	0.37	3.46	3.46	20.00	1.40
南宁	1.51～2.96	0.10	—	—	—	—
海口	1.75～5.25	0.15	2.40	2.40	10.00	1.10
成都	2.06	0.10	3.01	3.01	5.71	1.40
贵阳	2.70～4.70	0.10	3.70	3.70	10.80	—
昆明	2.45	0.10	4.35	4.35	14.10	1.25
拉萨	1.00	0.10	1.40	1.40	1.50	—
西安	2.90	0.10	4.50	4.50	14.00	—
兰州	2.55	0.10	4.00	4.00	16.20	—
西宁	1.76	0.10	2.25	2.25	10.26	1.09
乌鲁木齐	2.00	0.10	4.78	4.78	17.20	0.50
全国平均价格	2.20～3.39	0.22	3.67	3.67	11.83	1.08

注："—"指无准确数据；部分城市居民用水实行阶梯价格。

资料来源：笔者根据中国水网、《中国水资源公报》的相关数据计算整理而得。

表 4 - 10　　　　　　　**1959~2050 年中国水资源影子价格测算值**　　单位：元/立方米

年份	水资源影子价格	年份	水资源影子价格
1959	0. 11	2000	3. 86
1965	2. 01	2005	3. 99
1980	2. 89	2008	4. 1
1993	3. 46	2010	4. 29
1994	3. 57	2015	4. 47
1995	3. 69	2020	4. 58
1996	3. 80	2025	4. 77
1997	3. 92	2030	4. 93
1998	3. 79	2040	5. 11
1999	3. 85	2050	5. 39

资料来源：何静，陈锡康. 水资源影子价格动态投入产出优化模型研究［J］. 系统工程理论与实践，2005（5）：49 - 54. 略有修改。

表 4 - 11　　　　　　　　　　**2000~2019 年中国水资源及用水情况**

年度	水资源总量（亿立方米）	人均水资源（立方米）	农业用水（亿立方米）	工业用水（亿立方米）	生活用水（亿立方米）	生态用水（亿立方米）	人均用水量（立方米）
2000	27700. 8	2193. 9	3783. 5	1139. 1	574. 9	—	435. 4
2001	26867. 8	2112. 5	3825. 7	1141. 8	599. 9	—	437. 7
2002	28261. 3	2207. 2	3736. 2	1142. 4	618. 7	—	429. 3
2003	27460. 2	2131. 3	3432. 8	1177. 2	630. 9	79. 5	412. 9
2004	24129. 6	1856. 3	3585. 7	1228. 9	651. 2	82. 0	428. 0
2005	28053. 1	2151. 8	3580. 0	1285. 2	675. 1	92. 7	432. 1
2006	25330. 1	1932. 1	3664. 4	1343. 8	693. 8	93. 0	442. 0
2007	25255. 2	1916. 3	3599. 5	1403. 0	710. 4	105. 7	441. 5
2008	27434. 2	2071. 1	3633. 5	1397. 1	729. 3	120. 2	446. 2
2009	24180. 2	1816. 2	3723. 1	1390. 9	748. 2	103. 0	448. 0
2010	30906. 4	2310. 4	3689. 1	1447. 3	765. 8	119. 8	450. 2
2011	23256. 7	1730. 2	3743. 6	1461. 8	789. 9	111. 9	454. 4
2012	29526. 9	2186. 1	3880. 3	1423. 9	728. 8	108. 8	454. 7
2013	27957. 9	2300. 2	3920. 3	1409. 8	748. 2	105. 1	456. 1
2014	27266. 9	2220. 1	3869. 4	1356. 7	767. 1	103. 2	447. 3
2015	2796. 7	2039. 4	3851. 1	1336. 6	793. 4	122. 1	445. 0

年度	水资源总量 （亿立方米）	人均水资源 （立方米）	农业用水 （亿立方米）	工业用水 （亿立方米）	生活用水 （亿立方米）	生态用水 （亿立方米）	人均用水量 （立方米）
2016	32466.4	2354.9	3768.0	1308.0	821.6	142.6	439.0
2017	27746.3	2074.8	3766.4	1277.0	838.1	161.9	436.0
2018	27746.5	2007.6	3693.1	1261.6	859.9	200.9	432.0
2019	29041.0	2077.6	3682.3	1245.6	871.7	249.6	431.0

注："—"表示无数据。

资料来源：笔者根据历年《中国水资源公报》《中国环境统计年报》的相关数据计算整理而得。

四、测算结果及其分析

（一）中国农业用水系数

1994~2019 年中国农业用水系数，见表 4 – 12。2019 年，中国农业完全用水系数为 0.070，比 1994 年的 0.248 下降了近 25 倍；直接用水系数从 1994 年的 0.161 下降至 2019 年的 0.040，下降近 4 倍；间接用水系数从 1994 年的 0.087 下降至 2019 年的 0.030，下降近 2.9 倍。农业完全用水系数、农业直接用水系数以及农业间接用水系数逐年降低，主要原因有：第一，中国农业用水效率、节水效率正在逐步提高；第二，中国产业结构不断优化，农业用水占比有所下降；第三，从农业直接用水系数来看，直接用于农业的水资源仍占较大比重，通过农业中间投入其他部门的间接水资源所占比重仍然较低；第四，从农业间接用水系数来看，其他产业对农业的依赖性较低。

表 4 – 12　　　　　1994~2019 年中国农业用水系数　　　单位：立方米/元

年份	农业完全用水系数	农业直接用水系数	农业间接用水系数
1994	0.248	0.161	0.087
1995	0.237	0.157	0.080
1996	0.226	0.153	0.073
1997	0.213	0.146	0.065

年份	农业完全用水系数	农业直接用水系数	农业间接用水系数
1998	0.215	0.149	0.066
1999	0.204	0.145	0.059
2000	0.193	0.141	0.052
2001	0.182	0.137	0.045
2002	0.175	0.132	0.043
2003	0.167	0.111	0.056
2004	0.141	0.090	0.051
2005	0.115	0.082	0.033
2006	0.104	0.074	0.030
2007	0.092	0.070	0.022
2008	0.081	0.063	0.018
2009	0.070	0.054	0.016
2010	0.060	0.048	0.012
2011	0.048	0.037	0.011
2012	0.037	0.028	0.009
2013	0.026	0.019	0.007
2014	0.018	0.012	0.006
2015	0.020	0.011	0.009
2016	0.110	0.008	0.102
2017	0.090	0.006	0.084
2018	0.120	0.081	0.039
2019	0.070	0.040	0.030

资料来源：笔者根据历年《中国投入产出表》《中国水资源公报》《中国环境统计年报》的相关数据计算整理而得。

（二）中国出口东盟农业虚拟水情况

中国对东盟各国农业虚拟水出口情况，见表4－13。

第一，从出口国别来看，中国主要出口农业虚拟水到马来西亚、印度尼西亚、越南和泰国等东盟国家，对新加坡、文莱的农业虚拟水出口不多，主要原因是中国与新加坡、文莱进行贸易的产业主要集中在制造业，双边农业贸易量不高。中国对老挝、柬埔寨、缅甸的农业虚拟水出口量较低，主要原因是中国与这些国家的农产品贸易互补性不高，另外，后者的经济发展相对落后。

第二，从农业虚拟水出口增长率来看，中国对越南的农业虚拟水出口增长率最高，2017年，出口越南的虚拟水量比1994年增长了3.7倍。中国对泰国、菲律宾、马来西亚的农业虚拟水出口增长率也较高，相反，对新加坡、缅甸的农业虚拟水出口呈负增长态势，而对老挝的农业虚拟水出口贸易量变化不大。以上数据说明，在农业虚拟水出口贸易方面，中国与缅甸、老挝、柬埔寨、文莱等国的农业虚拟水出口贸易的发展空间仍很大。

（三）中国进口东盟国家农业虚拟水情况

中国从东盟各国农业虚拟水进口情况，见表4－14。从表中可以看出，中国在农业虚拟水进口方面对东盟国家的依赖性较强，具体分析有以下两点。

第一，从进口国别来看，主要集中在印度尼西亚、马来西亚、泰国和越南，这四个国家对中国的农业虚拟水出口分别为298.74亿立方米、294.32亿立方米、254.21亿立方米、141.33亿立方米，这主要是由双边长期以来的农产品贸易发展历史以及双边的农业基础所决定的。另外，CAFTA成立后，中国与东盟各国的农产品贸易量上升较快。

第二，从中国进口东盟国家农业虚拟水的增长率来看，老挝、柬埔寨、文莱以及印度尼西亚这四个国家对中国农业虚拟水出口快速增长，1994～2017年，年均增长率分别为12.9%、61.7%、55.9%以及12.7%。从总体上看，东盟所有国家对中国的农业虚拟水出口量均呈正增长状态。

（四）中国对东盟农业虚拟水净贸易量情况

中国对东盟农业虚拟水净贸易量情况，见表4－15，分别表示了中国与东盟各国的农业虚拟水净贸易量情况，以及中国与东盟整体的农业虚拟水净贸易量情况。

表 4－13　中国对东盟各国农业虚拟水出口情况

单位：亿立方米

年份	新加坡	印度尼西亚	马来西亚	菲律宾	泰国	越南	老挝	柬埔寨	缅甸	文莱
1994	76.2	78.63	67.85	30.25	32.73	26.31	1.36	1.67	14.75	0.25
1995	100.35	55.46	41.57	66.12	20.60	26.78	2.99	2.51	17.37	0.22
1996	105.92	28.14	29.88	58.74	18.33	25.59	0.69	2.71	12.05	0.36
1997	79.09	43.90	74.82	52.59	20.92	17.38	0.63	2.03	7.70	0.44
1998	51.16	84.38	69.42	82.92	12.90	18.27	0.63	1.42	9.16	0.25
1999	40.63	74.65	65.15	33.49	19.26	14.82	0.29	1.32	5.07	0.35
2000	35.06	73.90	80.21	30.50	27.69	16.19	0.35	1.58	5.57	0.24
2001	35.38	49.49	63.25	24.49	17.14	18.47	0.32	1.87	9.28	0.36
2002	37.11	86.85	90.88	31.22	22.34	29.47	0.33	1.24	9.77	0.43
2003	35.37	81.42	97.69	42.08	31.17	43.45	0.28	0.98	7.64	0.43
2004	31.27	45.64	56.45	33.75	28.72	29.19	0.17	1.01	6.79	0.48
2005	35.64	49.33	81.77	37.84	35.88	36.06	0.18	2.81	5.85	0.47
2006	31.29	60.08	82.82	44.98	35.62	34.41	0.17	1.69	7.85	0.38
2007	31.95	82.97	96.92	50.23	47.51	43.55	0.13	1.83	6.36	0.49
2008	39.45	73.59	104.55	48.83	64.45	62.77	0.23	2.07	5.58	0.62
2009	35.78	84.84	99.42	58.73	69.36	76.66	0.51	1.15	6.17	0.58
2010	43.07	138.56	130.74	60.18	92.51	105.2	1.17	1.72	7.76	0.79
2011	43.55	141.57	139.90	62.22	114.7	137.1	0.70	1.96	8.46	0.84

续表

年份	新加坡	印度尼西亚	马来西亚	菲律宾	泰国	越南	老挝	柬埔寨	缅甸	文莱
2012	41.21	116.29	134.16	74.03	126.8	120.6	1.23	2.14	9.00	0.76
2013	45.23	123.42	142.35	84.33	129.4	123.4	1.32	2.44	9.31	0.88
2014	45.9	125.44	143.25	85.43	131.2	124.3	1.38	2.85	9.55	0.93
2015	60.50	112.86	130.96	82.43	150.9	141.4	1.33	2.72	7.48	1.39
2016	56.78	134.76	135.26	74.93	169.6	164.9	1.63	2.35	8.79	1.16
2017	50.44	152.24	125.57	67.9	203.7	174.2	1.94	2.59	11.24	1.17
增长率（%）	-0.4	0.6	1.1	1.8	3	3.7	0.01	0.7	-0.4	2.6

资料来源：笔者根据历年《中国投入产出表》《中国水资源公报》《中国环境统计年报》的相关数据计算整理而得。

表 4－14　中国从东盟各国农业虚拟水进口情况

单位：亿立方米

年份	新加坡	印度尼西亚	马来西亚	菲律宾	泰国	越南	老挝	柬埔寨	缅甸	文莱
1994	21.23	21.84	131.12	3.98	54.17	36.87	0.22	0.02	4.07	0.01
1995	14.10	31.66	156.48	9.02	150.11	36.70	0.98	0.07	3.57	0.01
1996	8.67	31.90	101.53	16.97	91.28	21.84	0.61	0.01	3.02	0.01
1997	8.56	45.27	100.41	9.96	65.21	9.17	0.45	0.03	1.38	0.01
1998	5.93	42.65	98.35	20.04	47.16	8.00	0.20	0.03	1.80	0.01
1999	9.07	58.67	88.52	11.50	46.09	8.69	0.20	0.05	1.29	0.01
2000	8.20	51.07	76.89	18.52	53.17	9.39	0.41	0.04	2.69	0.01
2001	5.92	41.87	70.82	17.20	87.46	20.32	0.33	0.07	3.25	0.01
2002	11.08	51.78	118.26	14.82	67.76	21.44	0.26	0.05	2.40	0.01
2003	8.92	80.60	178.60	19.30	78.77	27.32	0.22	0.03	3.89	0.01
2004	9.55	109.45	187.61	13.90	122.80	22.87	0.19	0.05	2.69	0.01
2005	10.62	108.64	158.02	13.42	115.53	24.38	0.22	0.28	3.34	0.01
2006	14.61	122.22	168.05	14.76	126.13	35.46	0.60	0.31	2.81	0.33
2007	19.19	166.69	277.36	13.48	124.28	42.59	1.14	0.39	6.95	0.01
2008	23.28	231.69	357.02	18.81	104.68	42.60	1.48	0.30	19.53	0.01
2009	34.75	182.06	240.75	17.87	142.63	59.64	2.38	0.52	13.65	0.05
2010	39.54	226.37	267.55	31.27	189.89	57.77	2.36	0.33	20.06	0.05
2011	32.11	268.90	332.82	38.58	193.00	85.06	1.68	0.82	10.61	0.05
2012	25.67	286.56	266.46	29.64	241.34	135.77	2.34	1.19	11.81	0.12

续表

年份	新加坡	印度尼西亚	马来西亚	菲律宾	泰国	越南	老挝	柬埔寨	缅甸	文莱
2013	26.34	291.23	284.32	29.94	253.04	137.65	2.65	1.42	12.22	0.15
2014	27.54	298.74	294.32	30.01	254.21	141.33	2.99	1.54	12.87	0.23
2015	30.26	289.61	233.65	26.17	250.38	152.46	1.63	0.87	6.44	0.21
2016	28.43	267.79	221.93	22.99	247.43	180.68	1.14	0.86	7.27	0.25
2017	29.30	263.73	290.96	28.79	321.47	205.84	1.33	0.97	6.32	0.42
增长率（%）	0.30	12.70	1.20	6.50	3.70	2.80	12.90	61.70	2.20	55.90

资料来源：笔者根据历年《中国投入产出表》《中国水资源公报》《中国环境统计年报》的相关数据计算整理而得。

单位：亿立方米

表 4 - 15　中国对东盟农业虚拟水净贸易量情况

年份	新加坡	印度尼西亚	马来西亚	菲律宾	泰国	越南	老挝	柬埔寨	缅甸	文莱	东盟
1994	54.98	56.79	-63.27	26.27	-21.44	-5.03	1.15	1.64	10.68	0.25	81.96
1995	86.25	24.80	-114.9	57.10	-129.5	-9.92	2.00	2.44	13.80	0.21	-47.78
1996	97.25	-3.76	-71.65	41.77	-72.96	3.75	0.08	2.70	9.03	0.35	26.53
1997	70.53	-1.37	-25.59	42.63	-44.29	8.21	0.18	2.01	6.32	0.44	79.03
1998	45.22	41.72	-28.93	62.88	-34.26	10.26	0.42	1.39	7.36	0.24	126.29
1999	31.56	15.98	-23.37	21.99	-26.83	6.13	0.09	1.26	3.78	0.34	50.94
2000	26.86	22.84	3.32	11.99	-25.49	6.80	-0.05	1.54	2.88	0.24	70.92
2001	29.45	7.62	-7.57	7.29	-70.32	-1.86	-0.01	1.80	6.03	0.35	-7.20
2002	26.03	35.07	-27.38	16.40	-45.42	8.03	0.07	1.18	7.37	0.43	41.78
2003	26.45	0.83	-80.91	22.77	-47.59	16.13	0.06	0.95	3.75	0.42	-37.10
2004	21.73	-63.81	-131.20	19.85	-94.08	6.32	-0.02	0.95	4.10	0.48	-215.60
2005	25.02	-59.30	-76.25	24.41	-79.65	11.69	-0.04	2.53	2.51	0.46	-128.60
2006	16.68	-62.14	-85.23	30.22	-90.51	-1.05	-0.43	1.39	5.03	0.05	-165.90
2007	12.77	-83.72	-180.40	36.75	-76.78	0.96	-1.01	1.44	-0.60	0.49	-270.10
2008	16.17	-158.1	-252.50	30.02	-40.22	20.17	-1.25	1.77	-13.95	0.61	-377.20
2009	1.03	-97.23	-141.30	40.86	-73.28	17.02	-1.87	0.63	-7.47	0.53	-241.00
2010	3.54	-88.31	-136.80	28.90	-97.38	47.43	-1.19	1.39	-12.31	0.74	-233.90
2011	11.44	-127.3	-192.90	23.64	-78.33	52.07	-0.99	1.13	-2.16	0.79	-292.50

续表

年份	新加坡	印度尼西亚	马来西亚	菲律宾	泰国	越南	老挝	柬埔寨	缅甸	文莱	东盟
2012	15.54	-170.30	-132.3	44.39	-114.6	-15.19	-1.12	0.95	-2.80	0.64	-354.60
2013	18.89	-167.80	-142.00	54.39	-123.6	-14.22	-1.33	1.01	-2.90	0.73	-356.70
2014	18.36	-173.30	-151.10	55.42	-122.9	-17.01	-1.60	1.31	-3.33	0.69	-373.40
2015	30.24	-176.75	-102.69	56.26	-99.48	-11.06	-0.30	1.85	1.04	1.18	-299.69
2016	28.35	-133.03	-86.67	51.94	-77.83	-15.78	0.49	1.49	1.52	0.91	-228.62
2017	21.14	-111.49	-165.39	39.11	-117.77	-31.64	0.61	1.62	4.92	0.75	-358.14

资料来源：笔者根据历年《中国投入产出表》《中国水资源公报》《中国环境统计年报》的相关数据计算整理而得。

第一，从中国与东盟各国的农业虚拟水净贸易量来看，1994 年，除马来西亚、泰国和越南三国外，中国对其他七个东盟国家的农业虚拟水贸易均表现为顺差，说明中国对上述七个国家净出口了农业虚拟水；而 2017 年，中国除了对新加坡、菲律宾、柬埔寨、老挝、缅甸、文莱六国存在农业虚拟水贸易顺差外，中国对其他四个东盟国家均体现出较大的农业虚拟水贸易逆差，这说明中国从后者净进口了大量的农业虚拟水。

第二，从中国与东盟整体的农业虚拟水贸易情况来看，中国对东盟的农业虚拟水贸易逆差逐年增大，尤其是 2002 年 10 月中国－东盟自由贸易区启动以后，2003～2017 年，中国对东盟的农业虚拟水贸易呈持续逆差状态。

五、小结

本章利用价值—实物型投入产出法测算了中国与东盟农业虚拟水贸易量，该测算方法的最大特点在于，从产业角度并结合生产中间产品投入的水资源，综合考虑农业生产最终农产品的需水量，总结如下五点。

第一，中国农业完全用水系数、农业直接用水系数以及农业间接用水系数逐年降低，说明农业用水效率、节水效率不断提高，产业结构不断优化，农业用水占比有所下降。用于农业的水资源仍然占较大比重，而通过农业中间投入其他部门的间接水资源所占比重较少，其他产业对农业的依赖性较低。

第二，在中国－东盟农业虚拟水贸易中，中国的贸易逆差逐年增加。近年来，中国对新加坡、菲律宾、柬埔寨和文莱四个东盟国家的农业虚拟水贸易均体现为顺差，而与其他六个东盟国家的农业虚拟水贸易均为逆差状况。这说明，中国与东盟的农产品产业内贸易，为水平型产业内贸易。

第三，中国在农业虚拟水进口方面，对东盟的依赖性较强。进口国主要集中在印度尼西亚、马来西亚、泰国和越南。这四个国家在东盟十国中农业产业发展较好，水资源丰富，农产品产量大且与中国的农产品具有一定互补性，中国从这几个国家进口的农产品较多。随着中国对东盟国家农业虚拟水的依赖程度增加，水资源压力也得到一定程度的缓解。

第四，中国主要出口农业虚拟水到马来西亚、印度尼西亚、越南和泰国等东盟国家，对新加坡、文莱的农业虚拟水出口不多。在农业虚拟水贸易方面，中国与缅甸、老挝、柬埔寨、文莱等国的农业虚拟水贸易发展空间仍很大，说明双边的农产品边境贸易相对滞后，需要加快发展。

第五，将中国－东盟农业虚拟水贸易与中国－东盟农作物虚拟水贸易的测算结果进行对比可知，2017 年，中国与东盟农业虚拟水贸易的贸易逆差为 358.14 亿立方米，而中国与东盟农作物虚拟水贸易的贸易逆差为 340.02 亿立方米。中国与东盟在林牧副渔等产品虚拟水贸易方面的贸易逆差为 18.12 亿立方米，表明中国对东盟农业虚拟水的需求依赖主要集中于农作物虚拟水方面。因为双边林牧副渔等产品的虚拟水贸易量相对少于农作物虚拟水贸易量，所以，中国与东盟国家在林牧副渔等农产品方面的贸易空间较大，在产业发展上可以考虑扩大生产规模和出口规模。

第五章　中国对东盟出口农产品虚拟水的影响因素

本章在以不同视角考察虚拟水贸易主要影响因素的基础上，针对性地阐述了中国对东盟农产品虚拟水出口的影响因素并进行了实证分析，据此得出相关研究结论。

第一节　中国对东盟出口农产品虚拟水影响因素的基本考察

一、虚拟水贸易影响因素的考察视角

（一）从不同区域角度考察虚拟水贸易影响因素

在现实中，虚拟水贸易可以发生在不同的区域范围内，因此，对于虚拟水贸易影响因素的考察与分析，关注其区域特征是必要的。

第一，根据富水国与贫水国之间的虚拟水贸易考察虚拟水贸易的影响因素。至今，大部分关于两国间虚拟水贸易的研究均从贫水国如何通过虚拟水贸易来缓解国内水资源压力的角度来展开，这些研究在提到虚拟水贸易的基本动因时把资源禀赋作为主要观测指标，认为水资源的丰缺状况是影响双边虚拟水贸易的主要因素。普罗恰斯卡（Prochaska，2008）研究发现，2005 年，希腊塞萨利地区进口了 0.4 亿立方米虚拟水，出口了 12 亿立方米虚拟水，虚拟水净流出量较大。其主要原因是，塞萨利地

区出口的棉花生产用水量大，而进口的蔬菜和橡树等农产品生产用水量较小。该文献指出，出口品种改变，会导致水的供应压力减少，应以水资源节约型产品替代耗水型产品。彼得·德巴瑞（Peter Debaere，2013）通过计量方法研究了水和国际贸易的关系，得出水资源是一国比较优势来源之一的结论，其计量分析结果表明，水资源相对丰富的国家出口水资源密集型产品，但水资源与出口规模的相关程度要低于土地、资本等传统要素与出口规模的相关程度。

第二，从一国国内虚拟水贸易来考察虚拟水贸易的影响因素。不同国家内部的市场条件以及资源情况，对虚拟水贸易的影响各有不同。就中国而言，各地区差异巨大，中文文献从不同角度分析得出，不同地区进行虚拟水贸易的适用度是不同的。田贵良等（2014）指出，一国开展虚拟水贸易要综合考虑各方面因素，重视生产技术要素和其他生产要素，即便在缺水地区也不能仅从水资源角度进行考察。邹君等（2009）分析了中国国内的虚拟水贸易情况，指出国内存在水资源严重不平衡问题，而目前大部分研究集中于缺水地区，其实，丰水地区的虚拟水贸易问题也值得研究，这有利于水资源的合理配置。

第三，从区域一体化组织成员国间的虚拟水贸易来考察虚拟水贸易的影响因素。厄洛夫斯和特顿（Oelofse and Turton，2007）研究了南部非洲发展共同体（SADC）成员国之间的水资源管理问题。该文献发现，SADC国家间水资源时空分布极不均匀，因此，仅利用平均水资源量进行相关研究的意义不大，水资源管理政策及政府协调对保障国家水资源安全非常重要。目前，研究虚拟水贸易宏观层面影响因素的文献不多，而从区域一体化的角度开展虚拟水贸易影响因素的研究基本处于空白。依据本书的研究主题，下面将从中国－东盟自由贸易区的角度，着重阐述并分析中国对东盟出口农产品虚拟水的影响因素。

（二）从不同行业角度考察虚拟水贸易影响因素

虚拟水贸易的影响因素，因行业差异而表现出影响程度的不同。

第一，就价格对于不同行业产品虚拟水贸易的影响而言，农产品的价格弹性相对较低且存在政府干预，市场价格对农业虚拟水贸易的影响程度比其他行业要小；而市场价格对工业虚拟水贸易以及服务业虚拟水贸易的影响较大也较快，主要原因在于工业产品和服务业产品价格弹性较高，同时，市场价格的杠杆作用在工业和服务业发挥得较为充分。刘红梅（2010）利用空间计量方法研究了农产品虚拟水贸易，指出当国内需求旺盛且价格水平上升时，更多农产品在国内进行了交易，使得进出口减少，因此，减少了农产品虚拟水的国际贸易。

第二，就科技对不同行业虚拟水贸易的影响而言，科技贡献的传导途径和作用程度不同，因而其影响效应也有差异。农产品为资源密集型产品，科技对农产品虚拟水贸易的影响情况，与地域特征、自然生态条件、土壤等不可再生资源的稀缺性以及农业基础设施水平密切相关，因此，不同行业科技投入的产出效果存在较大差异和不确定性。另外，发达国家农业技术及农业规模经济均比发展中国家高出很多，因此，不同国家的技术水平对其农业生产和农产品虚拟水贸易具有不同的影响效果。因为工业产品相对于农业产品和服务业产品而言，属于资本密集型产品和技术密集型产品，专业化程度较高，通过资本和技术的大量投入可提高工艺水平和设备水平，从而影响工业产品的生产规模和生产质量，所以，科技对工业虚拟水贸易的影响应该是显著的。科技对服务业的影响主要体现在提升劳动者综合素质以及服务设施先进性等方面，其对于优化服务业产业结构、提高服务业整体水平，进而通过服务业虚拟水贸易增强服务业用水能效具有重要意义。

第三，就政府贸易政策、区域协议对各行业虚拟水贸易的影响而言，大部分国家关税减免的对象多倾向于一般工业制成品，而农产品贸易自由化程度相对较低，各国出于对资源保护、粮食安全、知识产权等方面的考虑，往往对农产品、高科技产品和资源稀缺产品的贸易保护与贸易限制更多，因此，政府贸易政策、区域协议等因素对农业虚拟水贸易以及服务业虚拟水贸易的影响十分重要，影响程度也更大。

第四，就资源禀赋条件对各行业虚拟水贸易的影响而言，农业生产对自然资源和气象条件的依赖性更强，因此，土壤状况、水资源状况以及区域气象特征对农业虚拟水贸易的影响程度更大；而工业虚拟水贸易对资本与技术的依赖更强，服务业虚拟水贸易则对劳动力及劳动力素质的依赖更大。傅素英和张俊飚（2008）着重从虚拟水、农产品净贸易实际耕地占用量、农业资源综合承载力等方面，考察了中国农业技术转移的生态环境效应。郭燕贞和雷玉桃（2011）提出了虚拟水污染负荷和虚拟水污染负荷输入量的概念，研究结论说明，目前，中国工业产品出口结构不太合理，存在工业产品出口贡献率大小与应限制或鼓励的出口产品不匹配等问题。朱启荣（2014）研究表明，中国各行业进出口贸易的虚拟水强度差异很大，其中，农业、食品及饮料制造业、住宿和餐饮业、纺织、皮革毛皮羽绒及其制品业、木材加工及家具制造业、电力与热力生产和供应业、烟草制品业等行业的虚拟水进出口贸易强度较高。

（三）从虚拟水贸易的运行模式考察其影响因素

虚拟水贸易为水资源管理和社会经济发展带来的积极作用已经得到认可，为将这一成果更有效地运用于经济建设与社会发展实践，中文文献从虚拟水贸易运行模式视角进行了相关研究。虚拟水贸易运行模式主要是指，虚拟水贸易的开展方式和开展途径。许长新等（2011）分析了虚拟水贸易对区域经济的作用机理以及社会产品价格对水价的敏感性，指出提高水价、辅以适当的财政补贴是实施虚拟水贸易的根本途径。马超等（2012）认为，虚拟水贸易受制于现实经济发展的各种条件，有正向驱动作用，也有负向阻碍作用。

综上所述，影响虚拟水贸易的因素是多元和复杂的，既要考察水要素条件，也要考虑行业特征、价格、汇率、运输成本、生产技术、政府政策以及区域一体化等多个因素的影响效应，以便于更合理地观察虚拟水贸易对于区域和行业的适用性与有效性。

二、中国对东盟出口农产品虚拟水主要影响因素分析

（一）要素禀赋因素

国际贸易是由什么因素决定的？这是国际贸易理论和经验研究的核

心问题之一。在不断探索中，学者们逐渐形成了几种理论共识——比较优势理论、要素禀赋理论、新贸易理论和新新贸易理论。这几种理论各有侧重。比较优势理论认为，国家之间进行交换的原因主要在于生产技术有相对差异，而不是绝对量的不同；每个国家选择本国比较擅长的技术，生产具有比较优势的产品，这使所有国家的福利均得到改善。麦克唐纳（Macdougall，1951）在验证比较优势理论时发现其有可取之处，但也存在严重不足。之后，又衍生出要素禀赋理论，将资源分为资本、劳动力等要素，强调要素禀赋在国际交换中的作用；要素禀赋理论又称H－O理论，后来，瓦内克将其发展成H－O－V理论，要素禀赋理论逐步从两两要素产品发展成为多产品、多要素形式。为了弥补以上理论的不足，20世纪80年代初克鲁格曼（Krugman）创立了新贸易理论，新贸易理论解释了非完全竞争市场上的国际贸易行为，强调规模经济、消费者差异等对贸易模式的作用。随着贸易数据的增加，梅利兹（2003）提出新新贸易理论，对国际贸易模式的探讨开始进入微观阶段。贸易研究领域涌现了许多验证贸易结构决定理论的研究文献。其中，验证要素禀赋理论的文献最多。原因有两方面：一方面，要素禀赋对贸易结构的重要决定作用；另一方面，要素禀赋理论的突出地位。

中国与大部分东盟国家的农业在国民经济中占有重要地位，农产品贸易在双边贸易中占有重要位置，劳动力、土地、水资源等要素禀赋是中国与东盟各国农业贸易以及农产品贸易发展的基础。奥林（Ohlin，1968）认为，因为农产品生产在很大程度上取决于土地的特性，所以，要素禀赋的不同在很大程度上决定了农产品贸易的发展。刘红梅等（2010）运用中国数据进行了验证，认为虚拟水贸易的研究对象是农产品，因此，应该从分析农产品生产过程中的要素禀赋变化着手。在中国－东盟农产品贸易中，中国农业劳动力资源相对丰富，人均土地资源和人均水资源却相对匮乏。根据比较优势理论，中国应向东盟出口劳动力密集型农产品，从东盟进口土地密集型农产品、水资源密集型农产品。此外，因为农产品生产对资源禀赋有着较强依赖性，所以，中国对东盟出口的农产品虚拟水量应与农业劳动力、土地和水资源禀赋正相关。本章重点研究中国对东盟出口的农产品虚拟水问题，因此，水资源禀赋是重要的影响因素观测指标之一。在借鉴相关文献的基础上，本章利用农业劳动力数量、农业用地面积及人均水资源量三个变量对中国出口东盟农产品虚拟水的影响加以检验。

（二）技术进步因素

迪克西特和诺曼（Dixit and Norman，1980）指出，技术进步是贸易的重要驱动力，在古典贸易理论以及新贸易理论中，技术进步对贸易的促进作用受到极大关注。舒尔茨（1964）认为，新生产要素的投入是农业生产发展的重要原因，而新生产要素是技术进步的产物。特雷弗勒和丹尼尔（Trefler and Daniel，1993）将技术进步因素引入要素禀赋理论，认为技术差异与要素禀赋共同影响着一国的贸易结构。一般来说，要素禀赋是外生的、给定的，当外生的资源禀赋无法发生改变时，一国可以通过内生的技术进步促使要素效率和要素禀赋结构变化，从而打破资源优势的静态特点，实现对外贸易结构的优化（马胜伟和何元贵，2010）。

在中国－东盟农产品虚拟水贸易发展进程中，技术进步的作用至关重要。其一，技术进步全方位提升了农业基础设施的整体质量，从而有助于提高水资源利用效率，降低农作物灌溉过程中的耗水量；其二，技术进步有利于改善生态环境、完善农田水利建设、增强水土保持，这些均对农业发展和农产品生产具有关键影响；其三，技术进步直接影响水资源效用发挥的大小，因此，增加了水要素禀赋产品的生产量和贸易量，充分体现出技术进步对贸易尤其是农产品贸易的促进作用。中国及东盟国家的农业技术整体水平不高，且各国之间存在差异，在此情况下，水资源利用效率对农产品虚拟水贸易的作用程度有待考量，因而水资源利用效率是观察中国对东盟出口农产品虚拟水时应予以重点考虑的影响因素。本章将以水生产率指标（水资源单位投入与水资源单位产出之比）来反映水资源利用效率情况，从而考察技术进步对中国出口东盟农产品虚拟水的影响。

（三）规模经济因素

克鲁格曼（Krugman，1987）的新贸易理论将规模经济视为驱动国际贸易的关键因素。规模经济在一定程度上决定了国际贸易模式和国际分工；在现实世界中，很多行业都是不完全竞争的，本国要素禀赋丰富或者需求巨大都会使某一行业呈现规模效应进而发展，这也将在贸易中产生优势。单独对农业发展进行研究时，可以设想规模报酬递增、规模报酬不变、规模报酬递减三种情况。如果在农业中出现规模报酬递增的情况，经营规模增大会带来产量增加，进而降低农业的单位成本；如果在农业中存在规模报酬不变的情况，经营规模增大即压缩固定成本，也可以降低农业的单位成本；但是，当农业中存在规模报酬递减的情况，经营规模增大就无法起作用了。根据这一规律，可以通过分析平均成本的变化说明规模经济的情况。中国的农业生产成本一般可以分三类：第一类是劳动投入，主要指自身费用和雇用农业工人的费用；第二类是一般变化成本，主要指种子、农药、化肥等随生产规模变化而变化的成本；第三类是固定成本，主要指农用机械、仓库等不以生产规模变化而变化的损耗。对于劳动投入和一般变化成本来说，可以随着农业生产规模的变化而变化，这两项成本可以灵活变动。现阶段，中国农业经营规模普遍较小，却承载着较多的农业劳动生产，劳动生产率相对较低；随着农业生产规模的扩大，可以更加便利地使用劳动力，提高劳动生产率。而从一般变动成本看，其随农业生产规模的变动而一直变动，因此，与农业生产规模无关。随着农业生产规模的扩大，固定成本的利用效率提高，单位成本下降。

2002 年，中国与东盟签署了《中国－东盟全面经济合作框架协议》，正式开启中国－东盟自由贸易区建设进程。中国与东盟国家的农产品产业内贸易发展较快，但以水平型分工为主，农产品的附加值较低，且主要集中于大米、木薯、水果等少数农产品，农业规模经济优势不明显。根据规模收益递增原则，中国、东盟各国的农业产业规模应与中国对东盟出口的农产品虚拟水正相关；而中国、东盟各国的经济总规模与农业虚拟水出口的关系均无法确定，主要原因在于近些年非农产业对经济的拉动越来越大。在考察规模经济对中国出口东盟农产品虚拟水的影响程度时，本章拟选择两个变量进行度量：衡量中国、东盟各国经济总体规模的 GDP，以及衡量中国、东盟各国农业产业规模的农业增加值占其 GDP 的比重。

（四）价格因素

价格是农产品虚拟水贸易的供给响应。价格（这里以 CPI 表示）对农产品虚拟水贸易的影响表现在：其一，CPI 的上涨使得农产品虚拟水贸易的出口成本增加，不利于农产品虚拟水的出口，使农产品虚拟水的出口减少。其二，CPI 的上涨对农产品虚拟水贸易的进口有着双向作用：一方面，CPI 的上涨表明农产品国内价格在上涨，这将刺激农产品生产，国内农产品供给增加，农产品进口相对减少，从而使得农产品虚拟水进口减少；另一方面，随着中国投资和消费的稳步增长，中国对农产品的需求也在不断增加，加上人民币升值的影响，CPI 的上涨使得农产品进口增加，从而促进了农产品虚拟水的进口。周峰（2013）讨论了农产品价格波动的途径，认为农产品进出口、贸易成本以及国际市场需求机制三者对农产品价格有显著影响，并将农产品价格变化划分为六个不同阶段；同时，该文献发现，中国农产品价格与农产品进口和农产品出口均存在长期稳定的关系，国内农产品价格上涨会导致农产品进口增加和出口减少，国内农产品价格下降会产生反作用；农产品价格是农产品进口和农产品出口的格兰杰原因，但农产品进口和农产品出口不是农产品价格的格兰杰原因；农产品价格对农产品进口作用显著，对农产品出口作用不太显著。何树全和高旻（2014）实证检验了国内农产品价格和国际农产品价格对国际贸易的影响：在大豆贸易中，进口受国际价格变动的影响非常小；在小麦贸易中，进口受国际价格变动的影响大；在大米贸易中，进口受国内价格变动的影响大。

中国与东盟各国的农产品价格水平，主要由农产品生产价格指数反映。[①]

---

① 资料来源：联合国粮食及农业组织（FAO）数据库。

1997～2020 年，中国与东盟各国农产品生产价格指数呈上升趋势，中国农产品生产价格指数从 1997 年的 85.28% 上升至 2020 年的 107.9%，其中，谷物生产价格指数从 1997 年的 91.59% 上升至 2020 年的 104.1%，蔬菜生产价格指数从 1997 年的 65.61% 上升至 2020 年的 105.2%，水果生产价格指数从 1997 年的 82.05% 上升至 2020 年的 95.3%。从东盟国家来看，除老挝的农产品价格指数在 1997～2020 年有所下降以外，其他东盟国家的农产品生产价格指数在此期间均大幅上升，涨幅大部分在 2 倍以上，上升最快的国家是印度尼西亚，其农产品生产价格指数从 1997 年的 33.91% 上升至 2020 年的 218.17%。从中国与东盟国家的农产品生产价格指数比较来看，中国农产品生产价格涨幅总体上要低于东盟国家。结合中国对东盟出口农产品虚拟水的实际情况来看，双边的农产品虚拟水贸易规模也在不断扩大，其中，进口涨幅及总量均大于出口涨幅及总量（具体数据可参见本书第四章的相关内容）。

农产品生产价格是中国向东盟出口农产品虚拟水的主要影响因素，但其他价格因素也会发挥作用。因此，根据数据的可得性和完整性，本章在考察价格因素对中国出口东盟农产品虚拟水的影响时，拟选取中国与东盟各国的消费物价指数（CPI）替代中国与东盟各国农产品价格指数作为反映价格水平的指标。指标选取考虑到农产品价格水平和物价水平的相互影响。一方面，农产品价格水平是物价水平的影响因素之一。农产品是大宗商品一个极其重要的组成部分，大宗商品的价格是消费价格指数上涨或下降的先行指标，原因在于期货市场的存在，使得大宗商品交易效率很高，其价格变动能够灵活反映经济变化。另一方面，从农户存粮行为的角度看，消费价格指数上升导致投机性存粮上升，进而导致真实粮价上涨。郭永俊（2009）使用 2002～2009 年中国农产品数据，分析了农产品价格指数与消费者价格指数之间的动态变化关系，实证结果显示，农产品价格指数与消费者价格指数之间存在长期稳定关系，短期存在波动性，两者趋势相同。因此，本章选择中国与东盟各国消费价格指数替代农产品价格指数是可行的。根据既有研究文献，消费价格指数上涨，出口量减少，进口量增减情况不确定，从逻辑上讲，消费价格指数与中国对东盟出口的农产品虚拟水量应为负相关关系。

(五) 贸易成本因素

贸易成本是指，除了生产商品的成本之外，获得商品所必须支付的所有成本，包括运输成本、配送成本、政策壁垒成本、合同实施成本、汇率成本、法律法规成本及信息成本等。在现实贸易中，许多商品的贸易成本占据出口总成本相当大的比重，特别是运输成本。此外，政策成本，例如，一国贸易政策或区域贸易协定对双边贸易或多边贸易的影响作用非常明显。安德森和温库普 (2004) 改进了早期的引力模型，使其在贸易成本的实证分析中得到了广泛使用，并取得了很好的成果。艾特肯 (Aitken，1973) 运用早期的引力模型分析了欧共体的双边贸易情况，卡波拉莱 (Caporale，2009) 运用改进型引力模型分析了欧盟的双边贸易情况。许统生 (2012) 将比较优势理论和新新贸易理论的优点一同引入改进型引力模型，度量了中国各种农产品的贸易成本。

在考察贸易成本因素对中国出口东盟农产品虚拟水的影响时，本章考虑的贸易成本因素主要有经济距离以及 CAFTA 等。经济距离在一定程度上代表了运输成本，因而成为阻碍贸易的因素之一，根据传统引力模型的相关研究，经济距离与农产品虚拟水贸易应为负相关关系。中国－东盟自由贸易区自 2010 年正式建立以来，成员国间的贸易协定在打破双边农产品贸易壁垒、降低关税成本、形成规模效应、扩大对外出口方面发挥了很大的促进作用，其与中国出口东盟的农产品虚拟水应为正相关关系。

第二节　中国对东盟出口农产品虚拟水影响因素的实证分析

本节重点从中国对东盟出口农产品虚拟水的视角，阐释了要素禀赋、技术进步、规模经济、价格水平以及贸易成本等因素对中国出口东盟农产品虚拟水的影响。在定量分析中构建了中国出口东盟农产品虚拟水的引力模型，以贸易国劳动力差异、土地面积差异、人均水资源禀赋差异等要素禀赋的相关指标，消费价格指数比、GDP、农产品单位产量比等指标，以及地理距离、CAFTA 建立等贸易成本作为自变量进行考察，并通过混合效应、随机效应以及固定效应的对比分析得出检验结果。另外，考虑到模型可能存在的零值问题及异方差问题，本章将采用泊松极大似然法（Poisson pseudo-maximum-likelihood）对模型进行稳定性检验。

一、实证模型的构建和假定

（一）模型的构建

目前，研究贸易影响因素的实证分析大多运用引力模型，丁伯根（1962）、波伊霍宁（Poyhonen，1963）等证明了贸易国的经济实力和国家间的经济距离对双边贸易的影响是存在的。对数形式可以将万有引力公式线性化，同时避免异方差以及数据残差的非正态分布等问题，因此，本章采用引力模型的对数形式。基础贸易引力模型方程为：

$$\ln Y_{ijt} = \beta_0 + \beta_1 \ln GDP_{it} + \beta_2 \ln GDP_{jt} + \beta_3 \ln D_{ij} + \varepsilon_{ijt} \qquad (5-1)$$

在模型（5-1）中，Y_{ijt} 表示时间 t 内国家 i 出口到国家 j 的农产品虚拟水贸易量，i、j 分别代表中国和东盟 j 国。GDP_{it} 表示中国的 GDP，GDP_{jt} 表示贸易伙伴国东盟 j 国的 GDP；D_{ij} 表示中国与东盟各国的经济距离，一般用两国政治中心或经济中心之间的空间距离或者两国主要港口之间的航海距离来衡量绝对距离，本章选取两国首都之间的地理距离作为解释变量 D_{ij}。

1. 价格水平对中国出口东盟农产品虚拟水的影响

价格水平的衡量指标主要有三种价格指数：GDP 折算指数（GDP im-plicit deflator）、消费价格指数（CPI）、生产者价格指数（PPI）。这三种价格指数分别从国民收入、消费、生产等不同角度体现价格水平。为避免与其他变量存在多重共线性，本书选取消费价格指数（CPI）来表示市场价格水平，并反映中国和东盟各国市场上农产品的价格水平。在标准引力模型中加入反映市场价格水平的指标后，模型（5－1）变为：

$$\ln Y_{ijt} = \beta_0 + \beta_1 \ln GDP_{it} + \beta_2 \ln GDP_{jt} + \beta_3 \ln D_{ij} + \beta_4 \ln CPI_{ijt} + \varepsilon_{ijt} \quad (5-2)$$

在模型（5－2）中，CPI_{ijt} 为时间 t 内中国与东盟 j 国的价格指数比，表示两国市场农产品价格水平的差异，系数 β_4 的预期估计值为负。在一般意义上，中国及东盟各国国内市场价格水平上升，中国对东盟农产品虚拟水出口量减少、进口量通常会增加。

2. 要素禀赋对中国出口东盟农产品虚拟水的影响

根据农产品生产所依赖的要素禀赋资源情况，本章选取中国与东盟国家农业用地面积、农业劳动力以及各国人均水资源作为影响中国出口东盟农产品虚拟水的要素禀赋因素。中国出口东盟农产品虚拟水的影响因素模型中加入要素禀赋因素后，模型（5－2）变为：

$$\ln Y_{ijt} = \beta_0 + \beta_1 \ln GDP_{it} + \beta_2 \ln GDP_{jt} + \beta_3 \ln D_{ij} + \beta_4 \ln CPI_{ijt} \quad (5-3)$$
$$+ \beta_5 \ln LAND_{ijt} + \beta_6 \ln LAB_{ijt} + \beta_7 \ln WATER_{ijt} + \varepsilon_{ijt}$$

在模型（5－3）中，$LAND_{ijt}$ 为时间 t 内中国与东盟 j 国的农业用地面积比，表示两国的农业用地资源禀赋差异；LAB_{ijt} 为时间 t 内中国与东盟 j 国的农业劳动力比，表示两国的农业劳动力禀赋差异；$WATER_{ijt}$ 为时间 t 内中国与东盟 j 国的人均水资源比，表示两国的水资源禀赋差异。根据比较优势理论及要素禀赋理论，系数 β_5、β_6 以及 β_7 的预期估计值为正，表示中国与东盟 j 国的土地、劳动力以及水资源等要素禀赋的差异越大，中国在这些资源上具有的比较优势越明显，贸易的可能性越大，双边可以交换更多各自具有比较优势的丰富要素密集型农产品，中国对东盟的农产品虚拟水贸易的出口量越大。

3. 技术进步与规模经济对中国出口东盟农产品虚拟水的影响

在许多研究中，技术进步已经被证实是影响贸易规模和贸易结构的重要因素。为了考察技术进步对中国出口东盟农产品虚拟水的影响，本书在模型中加入用水效率影响因素作为主要自变量。此外，规模经济对中国出口东盟农产品虚拟水的影响可以通过农业产业规模因素对中国农产品虚拟水出口东盟的影响来体现，因此，加入农业产业规模变量，模型(5 - 3)变为：

$$\ln Y_{ijt} = \beta_0 + \beta_1 \ln GDP_{it} + \beta_2 \ln GDP_{jt} + \beta_3 \ln D_{ij} + \beta_4 \ln CPI_{ijt} + \beta_5 \ln LAND_{ijt}$$
$$+ \beta_6 \ln LAB_{ijt} + \beta_7 \ln WATER_{ijt} + \beta_8 \ln AVALU_{ijt} + \beta_9 \ln EFW_{ijt} + \varepsilon_{ijt}$$

$$(5 - 4)$$

在模型（5 - 4）中，$AVALU_{ijt}$为时间 t 内中国与东盟 j 国农业增加值占 GDP 比重之比率，表示中国与东盟 j 国农业产业规模的差异，根据规模报酬递增原则，系数 β_8 的预期估计值为正。EFW_{ijt}为时间 t 内中国与东盟 j 国的水生产率之比，表示中国与东盟 j 国的用水效率差异，根据既有关于技术进步对贸易作用机制的研究文献，系数 β_9 的预期估计值为正，表明技术进步对中国出口东盟农产品虚拟水起到正向促进作用。

4. CAFTA 建成对中国出口东盟农产品虚拟水的影响

2010 年，中国 - 东盟自由贸易区正式建成，这将形成影响中国出口东盟农产品虚拟水的政策成本。为了考察政策成本对中国出口东盟农产品虚拟水的影响，本章把 CAFTA 建成以虚拟变量形式引入模型(5 - 4)，从而得到模型（5 - 5）：

$$\ln Y_{ijt} = \beta_0 + \beta_1 \ln GDP_{it} + \beta_2 \ln GDP_{jt} + \beta_3 \ln D_{ij} + \beta_4 \ln CPI_{ijt} + \beta_5 \ln LAND_{ijt}$$
$$+ \beta_6 \ln LAB_{ijt} + \beta_7 \ln WATER_{ijt} + \beta_8 \ln AVALU_{ijt} + \beta_9 \ln EFW_{ijt} + \beta_{10} CAFTA_t$$
$$+ \varepsilon_{ijt}$$

$$(5 - 5)$$

在模型（5 - 5）中，$CAFTA_t$ 表示 t 年 CAFTA 是否建成，2010 年前取值为 0，2010 年以及之后取值为 1。t 为时间趋势变量。中国 - 东盟自由贸易区建成促进了成员国之间的贸易自由化，对中国向东盟出口农产品虚拟水有利，系数 β_{10} 预期估计值为正。

（二）模型的基本假定

本章检验中国与东盟国家的农产品虚拟水贸易，以及影响其供给、需求及贸易成本的各因素之间的关系。中国出口东盟农产品虚拟水影响因素模型经济变量预期结果，如表 5 – 1 所示。

表 5 – 1　中国出口东盟农产品虚拟水影响因素模型经济变量预期结果

变量及系数	意义	预期符号	备注
$\hat{\beta}_1$（GDP_{it}）	中国经济规模	—	规模经济、农业与非农产业竞争
$\hat{\beta}_2$（GDP_{jt}）	东盟 j 国经济规模	待定	规模经济、农业与非农产业竞争
$\hat{\beta}_3$（D_{ij}）	经济距离	—	高运输成本对贸易产业的阻碍作用
$\hat{\beta}_4$（CIP_{ijt}）	市场价格水平	—	国内市场需求与国际市场需求差异
$\hat{\beta}_5$（$LAND_{ijt}$）	农业用地资源禀赋差异	+	农业用地优势对中国出口东盟农产品虚拟水有促进作用
$\hat{\beta}_6$（LAB_{ijt}）	农业劳动力资源禀赋差异	+	农业劳动力优势对中国出口东盟农产品虚拟水有促进作用
$\hat{\beta}_7$（$WATER_{ijt}$）	水资源禀赋差异	+	水资源优势对中国出口东盟农产品虚拟水有促进作用
$\hat{\beta}_8$（$AVALUE_{ijt}$）	农业产业规模	+	规模经济对中国出口东盟农产品虚拟水有促进作用
$\hat{\beta}_9$（EFW_{ijt}）	用水效率差异	+	用水效率的提高有利于中国出口东盟农产品虚拟水
$\hat{\beta}_{10}$（$CAFTA_t$）	CAFTA 建成	+	CAFTA 建成有利于成员间贸易，互利是双向的

注："–"表示预期符号为负，"＋"表示预期符号为正。
资料来源：笔者整理而得。

二、数据来源与数据说明

本章选取了 1994～2017 年中国与东盟十个贸易伙伴国的农产品虚拟水贸易量及各个解释变量的面板数据为样本，进行中国出口东盟农产品虚拟水影响因素的实证分析。统计数据主要涉及中国对东盟各国的农产品虚拟水出口量，中国与东盟各国的 GDP 以及 CPI，中国与东盟各国农业增加值占 GDP 的比重，中国与东盟各国的地理距离，中国与东盟各国的农业劳动力投入比、农业土地面积比及人均水资源比，以及中国与东盟各国的水生产率等。

以上大部分指标的数据，均来自世界银行数据库、联合国粮食及农业组织（FAO）数据库及历年《中国农业年鉴》；个别年份缺失的数据，根据该指标的历年数据进行了估计。为了计算中国出口东盟的农产品虚拟水含量，本章借鉴了中国投入产出学会课题组（2007）对中国水投入产出系数的计算方法。中国与东盟各国间的地理距离，以两国首都间的距离为参考指标。

三、变量的含义与统计性质

本章对农产品虚拟水贸易相关研究中提及的影响因素进行了整理，考虑到自变量选择的全面性和科学性，选取了表 5 - 2 中除 $\ln Y_{ijt}$ 外的变量作为中国出口东盟农产品虚拟水回归中的自变量。这些自变量分别从宏观层面和微观层面体现了供给、要素禀赋、贸易成本等各种因素对中国出口东盟农产品虚拟水的影响。其一，表示中国与东盟各国市场供给因素的自变量，有农业产业规模差异、水生产率、经济规模以及市场价格水平等，其中，农业产业规模差异以贸易国农业增加值占 GDP 比重的比率 $AVALUE_{ijt}$ 表示；水生产率以贸易国单位水投入与单位产出比 EFW_{ijt} 表示；中国经济规模以 GDP_i 表示，东盟各国经济规模以 GDP_j 表示；市场价格水平以贸易国消费价格指数比 CPI_{ijt} 表示。其二，表示中国与东盟各国要素禀赋因素的自变量，有农业用地面积差异、农业劳动力资源禀赋差异、人均水资源禀赋差异等，分别以贸易国农业用地面积比 $LAND_{ijt}$、农业劳动力比 LAB_{ij} 以及人均水资源比 $WATER_{ij}$ 表示。其三，表示贸易成本因素的自变量，有经济距离及中国 - 东盟自由贸易区是否建成等，分别以贸易国地理距离 D_{ij}、虚拟变量 CAFTA 表示。

本书根据所选择的中国出口东盟农产品虚拟水影响因素各变量的性质，利用 Stata 15.0 软件的 sumrize 统计分析方法对变量进行了描述性统计分析。中国出口东盟农产品虚拟水贸易影响因素模型变量的统计性描述，见表 5 – 2。所有变量的极差都在预期之内，各变量的标准差均不大，说明中国出口东盟农产品虚拟水影响因素各变量的离散程度较小，与均值接近；大部分数值及其平均值之间差异较小，均值和标准差均在合理的范围内，说明中国出口东盟农产品虚拟水影响因素模型的样本数据稳定。

表 5 – 2 中国出口东盟农产品虚拟水贸易影响因素模型变量的统计性描述

变量	含义	Obs	Mean	Std. Dev.	Min	Max
lnY_{ijt}	中国出口东盟 j 国的农产品虚拟水量（对数）	210	7.841	2.364	3.314	11.712
$lnGDP_{jt}$	东盟 j 国 GDP（对数）	210	6.395	1.752	2.749	9292
$lnCPI_{ijt}$	中国与东盟 j 国 CPI 比（对数）	210	0.283	0.576	– 0.3011	2.769
lnD_{ij}	中国与东盟 j 国间距离（对数）	210	8.543	0.658	7.729	9.775
$lnLAB_{ijt}$	中国与东盟 j 国农业劳动力比（对数）	210	5.568	3.744	– 2.503	8.817
$lnLAND_{ijt}$	中国与东盟 j 国农业用地资源比（对数）	210	2.8624	1.287	0.725	6.426
$lnWATER_{ijt}$	中国与东盟 j 国人均水资源比（对数）	210	8.618	1.716	4.809	10.353
$lnAVALUE_{ijt}$	中国与东盟 j 国农业规模比（对数）	210	0.426	1.962	– 1.714	5.519
$lnEFW_{ijt}$	中国与东盟 j 国水生产率比（对数）	210	– .0.265	2.259	– 4.805	2.297

资料来源：笔者根据世界银行数据库、联合国粮食及农业组织（FAO）数据库及历年《中国农业统计年鉴》的相关数据，利用 Stata 15.0 软件计算整理而得。

四、模型检验

首先，在运用基本引力模型的基础上，本章对加入的中国与东盟各国的土地面积差异、劳动力差异、产业规模差异等控制变量逐步进行了混合效应 OLS 回归。混合效应模型即各个截面估计方程的截距项和斜率项都一样，也就是说，回归方程估计结果在截距项和斜率项上是一样的。

其次，为检验模型的有效性，对模型（5-5）进行混合效应回归和随机效应回归，然后，进行拉格朗日乘子检验（LM）。对模型（5-5）的混合效应与随机效应进行的 LM 检验强烈拒绝"不存在个体随机效应"的原假设，即认为在随机效应与混合回归二者之间，应该选择随机效应。中国出口东盟农产品虚拟水的模型采用随机效应估计比混合效应估计更有效，从表5-3所示的模型（5-5）的随机效应回归结果来看，价格水平、东盟国家经济规模、土地、劳动力、水资源以及农业产业规模等因素对中国出口东盟农产品虚拟水的影响显著，模型（5-5）的有效性比模型(5-1)~模型（5-4）的混合效应回归的有效性更强。

最后，为检验模型的偏误性，本章对模型（5-5）进行固定效应回归以及随机效应回归。固定效应模型和随机效应模型的主要差别在于对待个体效应不同。在固定效应模型中，将中国出口东盟农产品虚拟水的影响因素的遗漏因素作为一个随机变量，表示模型的个体效应；在随机效应模型中，将中国出口东盟农产品虚拟水的影响因素的遗漏因素作为不随时间变化的误差项，是随机误差项的一部分。固定效应模型可以加入个体固定效应和时间固定效应，个体固定效应能够控制不随时间变化但在个体间不同的变量，例如，在中国对东盟的农产品虚拟水出口的影响因素中的经济距离变量 D_{ij}。时间固定效应能够控制在个体间相同但随时间变化的变量，例如，中国对东盟农产品虚拟水出口的影响因素中的变量 CAFTA，在虚拟变量设定上，中国 - 东盟成员国的国家变量在2010 年以及之后设为 1，2010 年之前设为 0。在面板数据中加入国家固定效应变量和时间固定效应变量有利于保证模型的无偏性，因此，对模型（5-5）进行改写，加入国家固定效应变量，得到模型(5-6)：

$$\ln Y_{ijt} = \beta_0 + \beta_1 \ln GDP_{it} + \beta_2 \ln GDP_{jt} + \beta_3 \ln D_{ij} + \beta_4 \ln CPI_{ijt} + \beta_5 \ln LAND_{ijt}$$
$$+ \beta_6 \ln LAB_{ijt} + \beta_7 \ln WATER_{ijt} + \beta_8 \ln AVALU_{ijt} + \beta_9 \ln EFW_{ijt} + \beta_{10} CAFTA_t$$
$$+ \delta_c + \varepsilon_{ijt}$$

$$(5-6)$$

在模型（5-6）中，δ_c 为国家固定效应变量，表示中国对东盟农产品虚拟水出口的影响因素中不随时间改变而随个体改变的变量。

接下来，为考察随时间改变而不随个体改变的变量对中国出口东盟农产品虚拟水的影响，在模型（5－6）中加入时间固定效应变量，得到模型（5－7）：

$$\ln Y_{ijt} = \beta_0 + \beta_1 \ln GDP_{it} + \beta_2 \ln GDP_{jt} + \beta_3 \ln D_{ij} + \beta_4 \ln CPI_{ijt} + \beta_5 \ln LAND_{ijt}$$
$$+ \beta_6 \ln LAB_{ijt} + \beta_7 \ln WATER_{ijt} + \beta_8 \ln AVALU_{ijt} + \beta_9 \ln EFW_{ijt} + \beta_{10} CAFTA_t$$
$$+ \delta_c + \delta_t + \varepsilon_{ijt}$$

$$(5-7)$$

在模型（5－7）中，δ_t 为时间固定效应变量，表示中国对东盟农产品虚拟水出口的影响因素中随时间改变而不随个体改变的变量。模型（5－7）为双向固定效应模型。本章对随机效应模型（5－5）、固定效应模型（5－7）进行了豪斯曼检验，P 值为 0.0000，故强烈拒绝原假设"随机效应模型中个体影响与解释变量不相关"，认为应该使用固定效应模型而非随机效应模型。据此，可以认为随机效应模型对中国出口东盟农产品虚拟水的影响因素的估计有偏，遗漏了影响双边农产品虚拟水出口的一些影响因素，且这些影响因素应作为解释变量加入模型。

通过比较模型（5－5）的随机效应估计结果和模型（5－7）的双向固定效应估计结果可以发现，一是从变量的符号值来看，价格水平对中国出口东盟农产品虚拟水的影响在随机效应回归中为正向影响，在固定效应回归中为负向影响，根据价格对出口的影响机制以及中国出口东盟农产品虚拟水的现实情况，固定效应回归结果更为合理。二是从相关系数来看，除劳动力差异变量及产业规模差异变量之外，中国对东盟农产品虚拟水出口的其他影响因素变量与被解释变量的相关性增加，相关系数值增大。三是从变量的显著性来看，主要自变量水资源禀赋差异变量、水效率变量以及 CAFTA 是否建成等在两种模型估计中的显著性相当。四是从模型的拟合优度比较，中国出口东盟农产品虚拟水影响因素的固定效应模型 R^2 值为 0.97，随机效应模型 R^2 值为 0.86，说明在中国出口东盟农产品虚拟水影响因素的固定效应模型中，自变量对因变量的解释程度比随机效应模型中的解释程度更高。中国出口东盟农产品虚拟水的影响因素回归结果，如表5-3所示。

表5-3　　　　中国出口东盟农产品虚拟水的影响因素回归结果

变量	模型(5-1)	模型(5-2)	模型(5-3)	模型(5-4)	模型(5-5)	模型(5-6)	模型(5-7)
$lnGDP_{it}$	0.63 (0.92)	0.56 (0.5)	1.08 (1.46)	0.98 (1.89)	0.85 (1.76)	0.97 (1.65)	1.16 (1.96)*
$lnGDP_{jt}$	0.98 (22.7)***	0.84 (9.43)***	0.73 (5.47)***	0.75 (5.48)**	0.86 (5.52)***	0.82 (5.94)***	0.89 (5.95)***
lnD_{ij}	-1.07 (-1.97)	-1.53 (1.29)	-0.778 (0.84)	-0.68 (0.95)	-0.68 (1.18)	—	-0.52 (1.67)
$lnCPI_{ijt}$		0.2 (2.87)***	0.21 (3.08)***	-0.52 (3.28)***	-0.56 (3.57)***	-0.36 (2.49)**	-0.34 (3.07)***
$lnLAND_{ij}$			0.161 (1.9)	-0.22 (3.32)***	-0.032 (1.64)*	-0.004 (0.07)	-0.006 (1.61)
I_nLAB_{ijt}			0.25 (8.2)***	1.15 (17.37)***	0.83 (8.23)***	0.82 (5.18)***	0.82 (6.03)***
$lnWATER_{ijt}$			0.68 (10.55)***	0.198 (2.9)***	0.51 (3.17)***	1.9 (3.10)***	2.62 (2.85)***
$lnAVALUE_{ijt}$				1.54 (8.89)***	1.5 (8.65)***	-0.57 (3.7)***	-0.51 (3.03)***
I_nEFW_{ijt}				-0.1 (1.1)	-0.089 (0.98)	-0.01 (0.04)	-0.04 (0.35)
$CAFTA_t$					0.11 (0.45)	0.24 (2.17)**	0.22 (2.15)**
T					-0.2 (1.75)*	-0.849 (0.08)	-0.25 (1.55)
国家固定效应	no	no	no	no	no	yea	yes
时间固定效应	no	no	no	no	no	no	yes
R^2	0.75	0.73	0.85	0.86	0.83	0.94	0.97

注：***、**、*分别表示在1%、5%和10%的水平上显著，括号内为t值。模型（5-5）使用随机效应估计，模型（5-6）使用国家固定效应估计，模型（5-7）使用国家固定效应估计、时间固定效应估计。

资料来源：笔者根据世界银行数据库、联合国粮食及农业组织（FAO）数据库及历年《中国农业统计年鉴》计算的数据利用Stata 15.0计算整理而得。

从表 5 - 3 给出的所有回归结果来看，随着中国与东盟国家的土地面积差异、劳动力差异、产业规模差异等控制变量的加入，模型的拟合度逐渐加强，从而中国出口东盟农产品虚拟水影响因素模型中自变量对因变量的解释逐渐加强。在模型（5 - 1）~ 模型（5 - 7）中，除价格水平差异、产业规模差异等变量的系数符号有变化以外，其他变量的系数符号基本一致，主要自变量水资源禀赋差异的 t 值显著。从模型（5 - 7）的估计结果来看，时间虚拟变量和国家虚拟变量自 2002 年之后大部分年份均显著（结果在表 5 - 3 中省略），P 值为 0.000，说明存在时间固定效应和国家固定效应。

五、稳健性检验

本章实证分析所用数据取自 1994 ~ 2017 年，因此，中国与东盟各国的农产品虚拟水贸易总量 Y 值中可能存在零值问题。另外，在较早时期，中国与东盟的老挝、缅甸、文莱、柬埔寨等国的农产品虚拟水贸易数据尚不完整。国际贸易流量中大量零值样本的存在，引起了学者们的广泛关注。如果简单地删除或者忽略这些零值样本，会导致有偏估计问题。为了修正引力模型中零值因变量导致的有偏估计问题，出现了一些修正方法。一种修正方法是直接剔除双边贸易流量（引力模型因变量）为零的样本，然后，运用经典的双对数模型进行 OLS 估计，这种方法所得到的估计结果往往是有偏的。因为扰动项均值可能不为零，所以，不符合线性估计的经典假设。另一种修正方法则是在零值因变量上加上一个小数字来替代零值因变量，比如，Y + 0.1。除此之外，还有非线性最小二乘法（NLS）、泊松极大似然估计（PPML）等估计修正方法。其中，席尔瓦和特雷里罗（Silva and Tenreyro，2006）首次使用蒙特卡罗方法（Monte Carlo method）模拟，比较引力模型的各种估计方法，提出泊松极大似然估计（Poisson Pseudo - maximum - likelihood，PPML）是解决引力模型异方差和零值因变量有偏估计问题的最优选择。本章在模型（5 - 5）的基础上进行了 OLS（Y + 1）的回归以及 PPML 估计（其中，各变量取 NOLOG 值），回归结果与 OLS 回归、固定效应（FE）回归比较，PPML 估计结果与其他回归结果比较，见表 5 – 4。

表 5 – 4　　　　　　PPML 估计结果与其他回归结果比较

变量	OLS	OLS（Y + 1）	FE	PPML
$lnGDP_{it}$	0.95 (1.76)	0.66 (1.85)*	1.26 (1.96)*	0.53 (84.84)**
$lnGDP_{jt}$	0.86 (5.52)***	0.87 (5.46)***	1.79 (4.93)***	0.40 (78.68)***
lnD_{ij}	− 0.78 (1.18)	0.58 (1.49)	—	− 0.90 (1.46)
$lnCPI_{ijt}$	− 0.46 (3.57)***	− 0.46 (3.59)***	− 0.24 (3.07)***	− 0.20 (45.29)***
$lnLAND_{ij}$	− 0.032 (1.64)*	− 0.36 (1.82)*	− 0.006 (1.61)	− 0.04 (1.29)
$lnLAB_{ijt}$	0.83 (8.23)***	0.82 (8.23)***	1.07 (6.03)	1.64 (126.34)***
$lnWATER_{ijt}$	0.51 (3.17)***	0.51 (5.2)***	0.62 (2.85)***	0.79 (4.69)***
$lnAVALUE_{ijt}$	1.5 (8.65)***	1.5 (8.67)***	− 0.51 (3.03)***	− 0.17 (30.73)***
$lnEFW_{ijt}$	− 0.089 (0.98)	− 0.09 (0.98)	− 0.04 (0.35)	− 0.01 (2.06)***
$CAFTA_{t}$	0.11 (0.45)	0.11 (0.46)	0.22 (2.15)**	0.17 (23.01)***
N	189	210	189	210
修正后的 R^2	0.88	0.87	0.98	0.92

注：***、**、* 分别表示在 1%、5% 和 10% 的水平上显著，括号内为 t 值。"—" 表示不存在因果关系。

资料来源：笔者根据世界银行数据库、联合国粮食及农业组织（FAO）数据库及历年《中国农业统计年鉴》计算的数据，利用 Stata 15.0 软件计算整理而得。

从表 5 – 4 可知，OLS（Y + 1）的回归结果与 OLS 的回归结果基本一致，在中国出口东盟农产品虚拟水的影响因素模型中，因变量存在的零值问题对模型的拟合度并无太大影响。另外，在 PPML 的估计结果中，主要自变量水资源禀赋差异变量以及 CAFTA 建成虚拟变量系数的符号与其他估计一致,且显著性好;模型结果显著,稳健性较好,自变量对因变量的解释程度较好。需要说明的是,模型中的主要解释变量为水资源禀赋及水生产率,其中,水资源禀赋变量严格外生,而水生产率的相关指标在大多数情况下被视为外生变量。此外,本章的水生产率指标使用了国家层面而非企业层面的数据,因而,在以上的中国－东盟农产品虚拟水贸易影响因素中,也将其视为外生变量。

六、实证结果分析

从以上检验可以看出,加入国家固定效应和时间固定效应的模型解释力增强了,因而选择固定效应模型的估计结果进行中国出口东盟农产品虚拟水的影响因素分析。各变量回归系数及其解释有以下八点。

(1)中国出口东盟的农产品虚拟水量 Y 与双边农业劳动力资源禀赋差异 LAB 呈正相关(相关系数为 1.64)。该结果说明,在劳动力资源方面,中国对东盟的农产品虚拟水出口体现了比较优势原理。

(2)中国出口东盟的农产品虚拟水量 Y 与土地资源禀赋差异 LAND 呈负相关(相关系数为 -0.04)。该结果说明,中国出口东盟农产品虚拟水在发挥比较优势上,并没有依据农业用地资源的比较优势进行,表现出单位土地产出减少及对外贸易的农产品减少。主要原因有三个方面:一是农业用地已经过度开发,且这些新开发的土地生产力较差;二是部分土地被闲置或者没有被充分利用;三是存在农业用地面积统计上的虚高,数据高于实际值,许多农业用地已经转为建设用地。

(3)中国出口东盟的农产品虚拟水量 Y 与水资源禀赋差异 WATER 呈正相关(相关系数为 0.79)。该结果说明,在水资源方面,中国出口东盟农产品虚拟水符合比较优势原理。另外,H－O－V 理论再次得以验证,即贸易国的水资源禀赋是双边农产品虚拟水贸易的重要基础。

(4)中国出口东盟的农产品虚拟水量 Y 与技术水平变量 EFW 呈负相关(相关系数为 -0.01),但不显著。这与古典贸易理论和新贸易理论所持的技术进步是贸易驱动力的结论不一致，可能的主要原因是：其一，中国及东盟国家的水资源利用技术及设备还较落后，且水平差距不大。其二，一方面，在实证分析的时间段中，中国及东盟国家水资源利用的技术提升及设备更新缓慢，用水效率没有充分体现双边的技术进步作用，因此，无法准确说明技术进步对中国出口东盟农产品虚拟水的作用如何；另一方面，则反映了长期以来中国与东盟国家水资源利用效率不高，存在水资源浪费的现象。

（5）中国出口东盟的农产品虚拟水量 Y 与中国经济总体规模 GDP、东盟国家经济总体规模 GDP 均呈正相关（相关系数分别为 0.53、0.40），与中国及东盟各国的农业产业规模变量 AVALU 呈负相关（相关系数为 −0.17）。该结果说明，规模经济是中国出口东盟农产品虚拟水的驱动因素之一，但中国及东盟各国的农业产业规模未对双边贸易产生显著的促进作用，可能的原因在于，中国与东盟主要贸易的农产品产业的规模经济仍不明显。另外，这一结果还说明，中国及东盟各国农业产业规模化的发展速度比中国出口东盟农产品虚拟水的发展速度要慢。

（6）中国出口东盟的农产品虚拟水量 Y 与市场价格水平变量 CPI 呈负相关（相关系数为 −0.20）。该结果表明，中国及东盟各国国内市场需求旺盛，当价格水平上升时，进口更多农产品，净出口减少，中国出口东盟农产品虚拟水总量通过进口的增加而增加。例如，中国国内的农产品价格上升，使得出口成本增加，农产品出口价格也随之提高，因此，农产品的价格竞争优势被削弱。而中国的农产品附加值恰恰较低，出口主要以其价格为竞争力，竞争力减弱导致的合同减少又进一步使农产品生产计划减少。

（7）中国出口东盟的农产品虚拟水量 Y 与中国和东盟各国的距离变量 DIS 呈负相关（相关系数为 −0.90）。在影响农业虚拟水贸易成本的因素中，根据引力模型，中国出口东盟的农产品虚拟水量 Y 与经济距离变量 DIST 应为负相关，说明运输成本是阻碍贸易的因素之一，这在中国农业虚拟水贸易的影响因素分析中得到验证（刘红梅等，2010）。在检验结果中，中国出口东盟的农产品虚拟水量 Y 与中国和东盟各国的距离变量

DIS 呈负相关但不显著。多年来，东盟国家中的老挝、缅甸与中国的农产品及农产品虚拟水贸易量一直小于泰国、印度尼西亚、马来西亚、菲律宾等国与中国的农产品及农产品虚拟水贸易量；而中国与越南的贸易量却较大，不显著的主要原因是老挝、缅甸等国的经济发展水平以及产业结构要相对落后于泰国、印度尼西亚、马来西亚以及菲律宾等国，老挝、缅甸对外贸易的发展也较为滞后。

（8）中国出口东盟的农产品虚拟水量 Y 与中国 - 东盟自由贸易区建成的虚拟变量 CAFTA 呈正相关（相关系数为 0.17）。原因在于，CAFTA 自 2002 年启动到 2010 年建成以来，成员国间的贸易成本有所降低，自由贸易进程加快，关税减免政策如期实施，促进了双边贸易的发展，在中国 - 东盟自由贸易区内部形成了规模效益，增加了中国对东盟的农产品虚拟水出口；而从水资源要素角度来看，这种状况也有利于中国农业虚拟水的流入。

第三节　小结

本章在综述虚拟水贸易影响因素的基础上，运用中国与东盟十国的面板数据，在中国出口东盟农产品虚拟水的引力模型框架下，从市场供给、要素禀赋以及贸易成本等方面考察了中国对东盟农产品虚拟水出口的影响因素。实证分析结果表明：第一，中国对东盟农产品虚拟水出口符合水资源比较优势及中国农业劳动力资源比较优势，但却没有按照农业用地资源比较优势进行；第二，技术进步在中国对东盟农产品虚拟水出口中没有体现其显著作用；第三，中国农业生产的规模效应较小，在中国对东盟农产品虚拟水出口中，农产品的产业集群尚未形成规模；第四，在价格因素及贸易成本等因素中，价格上涨在中国对东盟农产品虚拟水出口中起到促进作用；经济距离作为贸易成本未体现出阻碍贸易的负面影响。总而言之，中国对越南、老挝和缅甸的农产品出口贸易发展仍较缓慢；CAFTA 建成，对中国向东盟出口农产品虚拟水起到促进作用。

基于上述研究结论，本书提出以下四点建议。

第一，中国对东盟国家的农产品虚拟水出口，主要集中在水资源密集型产品与劳动密集型产品上。在现实中，中国水资源匮乏，人均水资源占有量低；农业劳动力总量不足，整体文化素质不高。农业规模化及农业科技化，是促进中国农业发展以及中国对东盟农产品虚拟水出口的重要途径。政府应对全国的农业生产布局进行资源整合，根据各地区特有的资源禀赋和生产条件，对不同种类农产品进行生产基地建设，从资金、土地、价格等多渠道给予进一步扶持，实现农业规模化，提升农业生产集约化。同时，通过科技下乡、地方农业转型升级、新农村环境建设等留住部分青壮年劳动力，并通过教育培训提高劳动者文化素质。

第二，加大农业设施建设投入是提高农业生产率的重要举措，应采取农民自购、公有出租农用先进设备及政府补助等多种形式，尽快推进中国农业现代化，这将有助于提高中国农业生产率以及农业用水效率，同时，促进农产品加工业、农业机械行业以及农村服务业的发展，为更有效地实施中国－东盟农产品虚拟水贸易策略提供基础性条件。

第三，从中国对东盟出口农产品虚拟水的距离效应来看，应加大与老挝、越南、缅甸等国家的农产品虚拟水贸易。一方面，这三个东盟国家均为农业国，虽然经济发展与产业发展相对落后，但水资源均很富足，中国从这三个国家净进口农产品虚拟水的潜力很大；另一方面，中国可以向这些国家出口非水资源密集型农产品，形成双边的农业虚拟水产业内贸易分工。因此，应加强与老挝、越南、缅甸的农业合作，充分利用中国－东盟博览会、北部湾以及"一带一路"倡议等平台和契机，推动中国企业与这些东盟国家企业的贸易合作和投资合作，以此进 步推进双边农产品虚拟水贸易。

第四，应充分发挥CAFTA的正面效应，中国与东盟国家在农业方面的基础决定了双边在农产品贸易方面的合作将日益深化，因此，加强全方位的农业合作，将进一步推进中国－东盟农产品虚拟水贸易的发展。

第六章　中国－东盟农产品虚拟水贸易的自由贸易区效应及对中国的影响

本章研究中国－东盟农产品虚拟水贸易对中国的影响，重点从两个方面展开论述：中国－东盟自由贸易区（CAFTA）的建成对中国、东盟各国的农产品虚拟水贸易带来的影响，以及中国与东盟开展农产品虚拟水贸易给中国带来的贸易利益以外的其他影响。本章通过实证分析以及定性阐释，论述了 CAFTA 开展农产品虚拟水贸易对中国的贸易利得、产业贡献、农产品结构优化、粮食安全、环境改善等方面的影响作用，并得出相关研究结论。

第一节　中国－东盟农产品虚拟水贸易的自由贸易区效应实证分析

本节在综述区域经济一体化效应相关实证研究的基础上，为进一步论证 CAFTA 建成、中国加入世贸组织、水资源禀赋、技术进步、经济规模、经济距离等因素给中国－东盟农产品虚拟水贸易乃至中国农产品虚拟水国际贸易带来的影响。以出口为例，建立了中国农产品虚拟水出口[①]模型，利用中国与 36 个主要农产品贸易国[②]21 年的变量数据作为样本（即

---

① 中国农产品虚拟水国际贸易主要由中国与其主要农产品贸易伙伴国的农产品虚拟水贸易代表，本书选取了中国的 36 个主要的农产品贸易伙伴与中国的农产品虚拟水贸易来具体反映。

② 36 个主要农产品贸易国是指，东盟十国以及其他 26 个与中国农产品贸易量大的国家：加拿大、美国、澳大利亚、新西兰、波兰、巴西、智利、墨西哥、比利时、丹麦、英国、德国、法国、爱尔兰、意大利、荷兰、西班牙、芬兰、瑞典、挪威、瑞士、俄罗斯、印度、日本、韩国、土耳其。

大样本），将模型检验结果和基于中国与东盟十国 21 年的样本数据（即小样本）构建的中国对东盟农产品虚拟水出口模型（详见第五章相关内容）的实证结果进行比较，得出了更为清晰的结论。此外，本节还通过倍差法修正模型，考察了中国从东盟进口农产品虚拟水的自由贸易区效应。

一、区域经济一体化效应的相关实证研究

对于区域经济一体化问题的研究，通常可以从静态效应和动态效应的不同角度进行阐述并分析。本章重点从静态效应即贸易创造效应和贸易转移效应的角度，阐述并分析 CAFTA 对于双边农产品虚拟水贸易的影响。在区域经济一体化效应的研究领域，根据分析时运用的是事前（区域经济一体化组织建成之前）数据还是事后（区域经济一体化组织建成之后）数据，可分为事前估计方法和事后估计方法。事前估计方法通常用于对尚未建立或尚未完全建成的区域经济一体化组织的效应进行预测，从而分析该区域经济一体化组织的建立对成员国可能产生的影响。而事后估计方法通常用于对已经建立甚至已经建成的区域经济一体化组织所产生的效应进行分析。CAFTA 已于 2010 年建成，因此，本书关于中国与东盟农产品虚拟水贸易的自由贸易区效应研究，主要采用事后估计方法。

1. 事前估计方法

在对区域经济一体化组织建成之前的效应预测实证研究中，往往采用事前估计方法。事前（区域经济一体化组织建成之前）估计的目的是在经济变量发生改变之前，运用改变之前的数据进行估计从而得出进口需求弹性，或利用可计算的一般均衡模型（CGE）预测区域经济一体化可能带来的福利效应。贸易效应事前研究，可运用经验模型（experiential model）和 CGE 模型。

经验模型可以排除因区域经济一体化组织成员方经济增长而导致的贸易流的变化对贸易创造效应和贸易转移效应的影响，其难点在于估计出成员方与非成员方之间的进口替代弹性，进口需求回归模型（IDRA）是解决上述问题的重要方法之一。迈克尔（Michael，1991）使用进口需

求回归模型分析了西班牙和葡萄牙加入欧共体后的贸易创造效应和贸易转移效应，并进行了经验分析。但是，该文献使用的模型没有考虑成员国的经济增长、非成员国进出口的变动、世界格局的变化等情况，只是采用事前数据估计进行了简单的归类设定，同时，假设中存在进口替代弹性前后始终不变的问题，与现实有很大差异。为了修正迈克尔的纰漏，一种方法是运用可比较一般均衡模型进行估计。现阶段，使用比较广泛的是，美国普渡大学的 GTAP 模型，其可充分模拟各种情况的贸易效应。中外文文献进行了很多尝试，巴赫拉赫和米兹拉希（Bachrach and Mizra-hi，1992）、布朗和戴多夫（Brown and Deardoff，1992）均利用 GTAP 模型对北美自由贸易协定（NAFTA）的贸易效应进行过研究。刘宇和张亚雄（2011）针对欧盟—韩国自由贸易区完全实现可能对中国产生的影响进行分析，结果显示，欧韩自由贸易区对中国经济总体呈负面影响，但幅度很小。毛小庆（2015）采用 GTAP 模型模拟了不同情境下跨太平洋伙伴协议（TPP）对中国贸易福利的影响，其研究表明，在中国没有加入TPP 时，随着成员方数量的增多，中国的总贸易福利受损将更严重，而加入 TPP 后，将对中国总贸易福利有较大的提升作用。

一般均衡模型（CGE 模型）也被运用于事前估计区域经济一体化效应。赵金龙等（2013）构建了动态递归式一般均衡模型，主要探讨中日韩自由贸易协定（FTA）对其成员国影响的问题。其研究表明，从长期来看，中日韩 FTA 对三国的各项宏观指标均产生正向影响。一些文献开始运用引力模型分析"一带一路"沿线国家的国际贸易效应。如陈虹和杨成玉（2015）使用可计算一般均衡模型，使用"一带一路"沿线国家（地区）的面板数据，估计了中国与这些国家（地区）实现自由贸易后的情形。模拟结果显示，如果自由贸易形成，中国出口将增加 3.04% ～9.55%，进口将增加 14.42%；同时，中国贸易顺差规模将进一步扩大，中国的贸易条件将得以改善。

2. 事后估计方法

事后研究主要运用反事实估计的方法，通过对比存在自由贸易区和"假设不存在自由贸易区"的情况下，反事实估计的贸易流量来测度其实际的贸易效应。对区域经济一体化贸易效应的事后研究方法，主要包括贸易份额法、巴拉萨模型、进口需求回归模型和贸易引力模型等。

　　贸易份额法主要是根据成员国在区域一体化组织成立前后的贸易份额变化来计算贸易效应，这种分析工具方便、简易但较为粗糙，忽略了许多因素对贸易份额的影响。贸易比重变化不显著时，将很难判断其贸易效应。巴拉萨模型则先估计区域经济一体化组织成员国的进口需求收入弹性，通过区域经济一体化组织建立前后进口需求收入弹性的变化情况来测算贸易效应。杨欢（2012）运用修正的巴拉萨模型，分析了中国－东盟自由贸易区（CAFTA）框架下中国进口贸易的贸易创造效应和贸易转移效应，结果显示，在 CAFTA 框架下中国进口贸易存在贸易创造效应，而不存在贸易转移效应。宋海英（2015）运用扩展的巴拉萨模型模拟了中国—智利自由贸易区的农产品贸易效应，结果表明，中国—智利自由贸易区对中国农产品进口在总体上并未出现贸易创造效应。进口需求回归模型主要运用于事后估计，利用区域经济一体化组织成立后一国的所有贸易数据进行反事实估计，通过估计组织成立前的时间序列数据得出弹性参数，并以此弹性参数分析组织成立后的变化情况。

　　贸易引力模型是贸易流量测度和贸易潜力估算的重要方法，已经成为国际贸易理论的重要组成部分。陈雯（2009）以中国为基点，在引力模型"单国模式"的基础上，运用 2002～2006 年中国和 133 个贸易伙伴之间的贸易数据，验证了中国－东盟自由贸易区的建立在一定程度上促进了中国和东盟国家之间的进出口贸易。吕宏芬和郑亚莉（2013）运用贸易引力模型研究了中国和智利的经济一体化程度及中国—智利自由贸易区创造的贸易创造效应。很多中文文献开始关注与中国密切相关的区域经济一体化组织，例如，跨太平洋伙伴关系协议、中国－东盟自由贸易区、欧亚经济联盟、北美自由贸易区等（黄新飞等，2014；陆圣，2013；邓羽佳和秦放鸣，2015）。

二、不同样本的引力模型比较分析

　　本节在构建中国与 36 个贸易伙伴国的农产品虚拟水出口模型（大样

本数据）的基础上，将其回归结果与第五章构建的中国对东盟出口农产品虚拟水模型（5－5）、模型（5－6）、模型（5－7）的回归结果进行比较，进而分析中国对东盟农产品虚拟水出口的自由贸易区效应。

（一）模型的构建

首先，仍然以引力模型为基础，构建中国农产品虚拟水对外贸易模型：

$$\ln Y_{ijt} = \beta_1 \ln GDP_{it} + \beta_2 \ln GDP_{jt} + \beta_3 \ln D_{ij} \qquad (6-1)$$

在模型（6-1）中，Y_{ijt}表示中国（i）对 j 国（36 个贸易伙伴国中的某国）的农产品虚拟水出口；GDP_{it}表示中国与 36 个贸易伙伴国的经济规模；GDP_{jt}表示中国与 j 国的经济距离，一般用两国政治中心或两国经济中心之间的地理距离或者两国主要港口之间的航海距离来衡量绝对距离，本书选取两国首都之间的地理距离作为解释变量 D_{ij}。考虑到市场价格、农业用地面积、农业劳动力以及水资源禀赋、规模经济、用水效率、CAFTA 以及中国加入 WTO 对中国农产品虚拟水出口的影响，按市场需求、要素禀赋、技术以及贸易成本等顺序逐步加入自变量，模型（6-1）变化如下：

$$\ln Y_{ijt} = \beta_0 + \beta_1 \ln GDP_{it} + \beta_2 \ln GDP_{jt} + \beta_3 \ln D_{ij} + \beta_4 \ln CPI_{ijt}$$
$$+ \beta_5 \ln LAND_{ijt} + \beta_6 \ln LAB_{ijt} + \beta_7 \ln WATER_{ijt} + \beta_8 \ln AVALU_{ijt} \quad (6-2)$$
$$+ \beta_9 \ln EFW_{ijt} + \beta_{10} CAFTA_t + \beta_{11} WTO_t + \varepsilon_{ijt}$$

在模型（6-2）中，CPI_{ijt}（时间 t 内中国与 j 国价格指数比）表示贸易国市场上农产品的价格水平；变量 $LAND_{ijt}$（时间 t 内中国与 j 国农业用地比）表示贸易国农业用地面积情况；LAB_{ijt}（时间 t 内中国与 j 国农业劳动力比）表示贸易国劳动力禀赋情况；$WATER_{ijt}$（时间 t 内中国与 j 国人均水资源禀赋比）表示贸易国水资源禀赋情况；$AVALU_{ijt}$（时间 t 内中国与 j 国农业产业规模比）表示贸易国产业规模；EFW_{ijt}（时间 t 内中国与 j 国用水效率比）表示贸易国用水效率。

考虑到可能存在其他不随时间变化但个体间不同的变量以及个体间相同但随时间变化的变量对因变量的影响，故此逐步加入国家固定效应以及时间固定效应。先加入国家固定效应，得到模型（6-3）：

$$\ln Y_{ijt} = \beta_0 + \beta_1 \ln GDP_{it} + \beta_2 \ln GDP_{jt} + \beta_3 \ln D_{ij} + \beta_4 \ln CPI_{ijt}$$
$$+ \beta_5 \ln LAND_{ijt} + \beta_6 \ln LAB_{ijt} + \beta_7 \ln WATER_{ijt} + \beta_8 \ln AVALU_{ijt} \quad (6-3)$$
$$+ \beta_9 \ln EFW_{ijt} + \beta_{10} CAFTA_t + \beta_{11} WTO_t + \delta_r + \varepsilon_{ijt}$$

在模型（6-3）中，δ_r 为国家固定效应，表示中国农产品虚拟水出口影响因素中不随时间改变而随个体改变的变量。

为考察随时间改变而不随个体改变的变量对中国农产品虚拟水出口的影响，在模型（6-3）中加入时间固定效应，得到模型（6-4）：

$$\ln Y_{ijt} = \beta_0 + \beta_1 \ln GDP_{it} + \beta_2 \ln GDP_{jt} + \beta_3 \ln D_{ij} + \beta_4 \ln CPI_{ijt}$$
$$+ \beta_5 \ln LAND_{ijt} + \beta_6 \ln LAB_{ijt} + \beta_7 \ln WATER_{ijt} + \beta_8 \ln AVALU_{ijt} \quad (6-4)$$
$$+ \beta_9 \ln EFW_{ijt} + \beta_{10} CAFTA_t + \beta_{11} WTO_t + \delta_r + \delta_t + \varepsilon_{ijt}$$

在模型（6-4）中，δ_r 为国家固定效应，δ_t 为时间固定效应。

（二）数据说明

本书选取 1994~2017 年中国与 36 个贸易伙伴国的农产品虚拟水出口量以及各个解释变量的面板数据为样本，进行中国农产品虚拟水出口影响因素的实证分析。为了计算包含于农产品贸易中的水要素含量，本书借鉴了中国投入产出学会课题组（2007）对中国水投入产出系数的计算方法。数据来自世界银行的世界发展指标数据库、联合国粮食及农业组织数据库及历年《中国农业年鉴》；个别年份缺失的数据，根据该指标历年数据进行了估计；价格相关变量，均按可比价进行换算。

（三）变量的含义和统计性描述

基于本书第五章提及的农产品虚拟水贸易的影响因素，并考虑到自变量选择的全面性和科学性，选取了表 6-1 中除 $\ln Y_{ijt}$ 外的变量作为中国农产品虚拟水出口回归中的自变量。这些自变量分别从宏观层面和微观层面体现了供给、要素禀赋、贸易成本等各种因素对中国农产品虚拟水出口的影响。

第一，表示中国与 36 个贸易伙伴国市场供给因素的自变量有农业产业规模差异、水生产率、经济规模以及市场价格水平等，其中，农业产业规模差异以 36 个贸易伙伴国农业增加值占 GDP 比重的比率 $AVALU_{ijt}$ 表示；水生产率以 36 个贸易伙伴国单位水投入与单位产出比 EFW_{ijt} 来表示；中国经济规模以 GDP_{it} 表示，36 个贸易伙伴国的经济规模以 GDP_{jt} 表示；市场价格水平以 36 个贸易伙伴国消费价格指数比 CPI_{ijt} 表示。

第二，表示中国与 36 个贸易伙伴国要素禀赋因素的自变量有农业用地面积差异、农业劳动力资源禀赋差异、人均水资源禀赋差异等，分别以中国和 36 个贸易伙伴国的农业用地面积比 $LAND_{ijt}$、农业劳动力比 LAB_{ijt} 以及人均水资源比 $WATER_{ijt}$ 表示。

第三，表示贸易成本因素的自变量有经济距离、中国加入 WTO 以及 CAFTA 建成等，分别以贸易伙伴国地理距离 D_{ij}、虚拟变量 WTO、虚拟变量 CAFTA 表示。本书根据所选择的中国农产品虚拟水出口影响因素各变量的性质，利用 Stata 15.0 软件的 SUMRIZE 统计分析方法对变量进行统计，中国农产品虚拟水出口模型变量的统计性描述，见表 6－1，均值和标准差均在合理范围内，说明中国农产品虚拟水出口模型的样本数据稳定。

表 6－1　　　　中国农产品虚拟水出口模型变量的统计性描述

变量	含义	Obs	Mean	Std. Dev.	Min	Max
lnY_{ijt}	双边农产品虚拟水贸易总量（对数）	210	7.741	2.264	3.114	11.612
$lnAVALUE_{ijt}$	中国与 j 国农业规模比（对数）	210	0.416	1.972	-1.514	5.819
$lnEFW_{ijt}$	中国与 j 国水生产率比（对数）	210	-0.255	2.059	-4.605	2.197
$lnGDP_{it}$	中国 GDP（对数）	210	10.049	0.894	8.629	11.550
$lnGDP_{jt}$	j 国 GDP（对数）	210	6.385	1.742	2.549	9.092
$lnCPI_{ijt}$	中国与 j 国 CPI 比（对数）	210	0.273	0.57	-0.3011	2.669
$lnLAND_{ijt}$	中国与 j 国农业用地资源比（对数）	210	2.624	1.187	0.525	6.026
$lnLAB_{ijt}$	中国与 j 国农业劳动力比（对数）	210	5.168	3.644	-2.303	8.517
$lnWATER_{ijt}$	中国与 j 国人均水资源比（对数）	210	8.918	1.516	4.709	10.653
lnD_{ijt}	中国与 j 国间距离（对数）	210	8.343	0.458	7.929	9.575

资料来源：笔者根据世界银行的世界发展指标数据库、联合国粮食及农业组织数据库及历年《中国农业年鉴》的相关数据，利用 Stata 15.0 软件分析计算整理而得。

（四）不同样本的引力模型回归结果比较分析

中国对东盟出口农产品虚拟水（小样本）OLS 估计及固定效应回归，

见表 6 - 2，中国农产品虚拟水出口（大样本）OLS 估计及固定效应回归，见表 6 - 3。不同样本的引力模型回归结果的比较分析有以下四点。

表 6 - 2　中国对东盟出口农产品虚拟水（小样本）OLS 估计及固定效应回归

变量	混合 OLS 模型（6 - 5）	FE（单向）模型（6 - 6）	FE（双向）模型（6 - 7）
ln GDP$_{it}$	0.98 (1.89)	0.85 (1.76)	0.97 (1.65)
ln GDP$_{jt}$	10.85 (5.48)**	0.86 (5.52)***	0.82 (5.94)***
ln D$_{ij}$	−0.58 (0.95)	—	—
ln CPI$_{jt}$	−0.42 (3.28)***	−0.46 (3.57)***	−0.26 (2.49)**
ln LAND$_{jt}$	−0.22 (3.32)***	−0.032 (1.64)*	−0.004 (0.07)
ln LAB$_{jt}$	1.15 (17.37)***	0.83 (8.23)***	0.82 (5.18)***
ln WATER$_{jt}$	0.198 (2.9)***	0.51 (3.17)***	1.9 (3.10)***
ln AVALU$_{jt}$	1.54 (8.89)***	1.5 (8.65)***	−0.57 (3.7)***
ln EFW$_{jt}$	−0.1 (1.1)	−0.089 (0.98)	−0.01 (0.04)
CAFTA$_t$	0.09 (1.89)	0.11 (0.45)	0.24 (2.17)**
国家固定效应	No	yes	yes
时间固定效应	No	no	yes
调整后的 R^2	0.88	0.98	0.98

注：***、**、*分别表示在 1%、5% 和 10% 的水平上显著，括号内为 t 值。"—"表示无数据。

资料来源：笔者根据世界银行的世界发展指标数据库、联合国粮食及农业组织数据库及历年《中国农业年鉴》计算的数据利用 Stata 15.0 软件分析计算整理而得。

表 6 - 3　　中国农产品虚拟水出口（大样本）OLS 估计及固定效应回归

变量	混合 OLS 模型（6 - 2）	FE（单向） 模型（6 - 3）	FE（双向） 模型（6 - 4）
$\ln GDP_{it}$	0.253 (3.82)***	0.223 (1.78)*	0.232 (2.78)***
$\ln GDP_{jt}$	0.729 (8.46)***	0.683 (16.81)***	0.692 (7.11)***
$\ln D_{ij}$	-0.16 (2.09)**	—	-1.382 (3.57)***
$\ln CPI_{jt}$	-0.07 (1.04)	-0.456 (5.12)***	-0.022 (0.48)
$\ln LAND_{jt}$	0.001 (0.02)	0.088 (3.18)***	0.005 (0.07)
$\ln LAB_{jt}$	-0.07 (0.51)	-0.299 (6.77)***	-0.034 (0.25)
$\ln WATER_{jt}$	0.11 (2.26)**	0.142 (2.92)**	0.579 (1.45)
$\ln AVALU_{jt}$	0.563 (6.94)	0.666 (8.25)***	0.758 (8.84)***
$\ln EFW_{jt}$	0.2 (2.37)***	0.271 (4.8)***	0.243 (2.66)***
CAFTA	—	0.827 (6.21)***	4.397 (2.36)***
WTO	-0.174 (2.51)**	-0.283 (0.9)	-0.164 (1.25)
国家固定效应	No	Yes	yes
时间固定效应	No	No	Yes
调整后的 R^2	0.65	0.68	0.93

注：***、**、* 分别表示在 1%、5% 和 10% 的水平上显著，括号内为 t 值。"—"表示无数据。

资料来源：笔者根据世界银行的世界发展指标数据库、联合国粮食及农业组织数据库及历年《中国农业年鉴》的相关数据，利用 Stata 15.0 软件分析计算整理而得。

第一，从主要控制变量 CAFTA 建立来看，无论是在混合效应模型回归中、时间固定效应模型回归中还是在国家固定效应模型回归中，CAFTA 的建立对中国出口东盟国家以及出口 36 个贸易伙伴国农产品虚拟水均有正向影响。这说明，CAFTA 的建立带动了中国农业的发展，扩大了中国农产品对外贸易，从而推动了中国农产品虚拟水对外贸易。而另一个主要控制变量中国加入 WTO 对中国出口 36 个贸易伙伴国农产品虚拟水有负向影响，其原因在于中国加入 WTO 后农产品贸易谈判进程缓慢，而工业制成品及服务贸易的谈判进程相对较快，从而导致农产品对外贸易发展受阻，因此，加入 WTO 对中国与主要贸易伙伴国（包括东盟国家）的农产品虚拟水贸易有负向影响。CAFTA 建立的影响系数符号在小样本模型的回归结果中和大样本模型的回归结果中是一致的，且 CAFTA 建立的影响在大样本模型中更为显著。

第二，在中国对 36 个主要贸易伙伴国出口的大样本数据回归和中国对东盟十国出口的小样本数据回归中，控制变量经济距离对中国农产品虚拟水出口的影响均是负相关，但前者更为显著，即经济距离明显构成了中国与他国农产品虚拟水出口的成本。小样本数据回归中经济距离不显著为负的主要原因可能是，东盟各国的经济社会发展情况不同，中国与其贸易往来也各有特点。长期以来，中国与泰国、越南、菲律宾、印度尼西亚、马来西亚等部分东盟国家的农产品贸易开展良好，由此带动了双边农产品虚拟水贸易的发展；而与老挝、缅甸等国的农产品贸易量不大，双边的农产品虚拟水贸易量一直较少。

第三，在中国与主要贸易伙伴国的农产品虚拟水贸易的要素禀赋影响因素控制变量回归中，中国与东盟十国的模型回归（小样本数据）显示，劳动力禀赋和水资源禀赋具有正向影响；而中国与 36 个贸易伙伴国的模型回归（大样本数据）显示，土地禀赋与水资源禀赋则具有正向影响。这表明，就中国对东盟国家的农产品虚拟水出口而言，主要是劳动力密集型农产品以及水资源密集型农产品的出口；而中国对 36 个贸易伙伴国的农产品虚拟水出口，主要是土地资源密集型农产品进出口和水资源密集型农产品进出口。此外，水资源禀赋对中国出口东盟农产品虚拟水的影响显著性及相关性，均大于水资源禀赋对中国出口 36 个贸易伙伴国农产品虚拟水的影响显著性及相关性，由此可见，水资源禀赋对中国出口东盟农产品影响的重要性和特殊性。

第四，从技术控制变量来看，规模经济与用水效率对中国农产品虚拟水出口具有推动作用且影响显著，这与中国对东盟农产品虚拟水出口模型的回归结果不同。这说明，中国及东盟国家农产品的产业规模和用水效率水平相对较低，未能充分发挥对于农业发展和农产品生产的促进作用；但36个贸易伙伴国的产业规模和用水效率对中国对这些国家的农产品虚拟水出口具有显著的正向影响，原因可能在于中国对东盟的农产品虚拟水出口结构与中国对36个贸易伙伴国的农产品虚拟水出口结构存在差异。

（五）小结

第一，CAFTA 的建立，不仅促进了中国对东盟国家农产品虚拟水出口的发展，同时也促进了中国与其他主要贸易伙伴国的农产品虚拟水出口；而中国加入 WTO 的农产品虚拟水出口效应与之相反。

第二，中国与各国的农产品虚拟水出口，对要素禀赋的依赖不同。中国对东盟国家的农产品虚拟水出口依赖于劳动力禀赋和水资源禀赋，而中国对其他主要贸易伙伴国的农产品虚拟水出口则依赖于土地禀赋和水资源禀赋，水资源禀赋对中国与各国的农产品虚拟水出口均具有重要影响。

第三，中国与东盟的农产品产业规模差异和用水效率差异，并未体现出对中国出口东盟农产品虚拟水的明显影响；但中国与大部分其他主要农产品贸易伙伴，特别是美国、日本和欧洲国家的农产品产业规模差异与用水效率差异和中国对这些国家的农产品虚拟水出口呈正相关。

第四，经济距离这一贸易成本因素在中国对东盟农产品虚拟水出口影响因素检验中，未表现出显著的阻碍作用；但在中国对36个贸易伙伴国的农产品虚拟水出口检验中，则表现出显著的阻碍作用。

三、双重差分法检验

近年来，双重差分模型（difference-in-difference，DID）在计量经济学中运用较多，大部分是关于公共政策效果或项目实施效果的定量评估。在干预效果评价方面，DID 模型结合"有无差异"和"前后差异"，控制了某些除干预因素以外的其他因素的影响，并且，加入协变量以控制干预组和对照组中可能有的影响因素，力求得到对干预效果的真实评估结果。余淼杰和梁中华（2014）应用中国制造业对外贸易企业 1998～2007 年的微观面板数据，从企业层面分析了贸易自由化对劳动报酬的影响。该文献将 2001 年中国加入世界贸易组织作为一次冲击，运用倍差法进行了一次检验，分析检验结果发现，中国加入世界贸易组织以后，关税会一次性下降；大环境使劳动力成本不断上升，但贸易自由化过程通过降低资本品成本、中间产品成本和技术成本，降低了劳动成本；关税水平降低越多，劳动收入份额降低就越多。该文献也注意到统计方法问题是否会导致这一结果，因此，进行了关于序列相关性、同趋势假设和非关税贸易壁垒的稳健性检验，结果证明已经排除上述影响。

（一）模型构建

本书在借鉴弗兰克尔（Frankel，1997）引入自由贸易区变量的基础上，结合自由贸易区效应研究的需要和数据的可获得性，引入适当的变量对贸易引力模型加以修正，以期更精确地观测中国－东盟自由贸易区（CAFTA）对中国农产品虚拟水出口的影响效应。同时，在贸易引力方程中加入水资源禀赋变量、技术进步变量，并加入时间趋势变量以削弱外部冲击，引入随机误差项表示其他未考虑的影响因素。因此，构建出在 CAFTA 成立之前测度中国从 36 个贸易伙伴国中的 j 国进口的农产品虚拟水贸易量的模型如下：

$$
\begin{aligned}
IM_{ijt} &= \beta_0 (GDP_{it})^{\beta_1} (GDP_{jt})^{\beta_2} (Dist_{ij})^{\beta_3} (WATER_{ijt})^{\beta_4} \\
&\quad (EFW_{ijt})^{\beta_5} \exp[\beta_6 T + u_{ijt}]
\end{aligned} \tag{6-5}
$$

在模型（6-5）中，IM_{ijt} 表示中国从 36 个贸易伙伴国中的 j 国进口的农产品虚拟水量，GDP_{it} 表示中国经济规模，GDP_{jt} 表示 36 个贸易伙伴国中的 j 国的经济规模，$WATER_{ijt}$ 表示水资源禀赋变量，EFW_{ijt} 表示技术进步变量，T 表示时间趋势变量，u_{ijt} 为随机误差项。

为了得到弹性对数引力模型以进行混合 OLS 估计，将模型（6-5）取对数且调整系数处理，则模型变为：

$$
\begin{aligned}
\ln(IM_{ijt}) &= \beta_0 + \beta_1 \ln(GDP_{it}) + \beta_2 \ln(pGDP_{jt}) + \beta_3 \ln(Dist_{ij}) \\
&\quad + \beta_4 \ln(WATER_{ijt}) + \beta_5 \ln(EFW_{ijt}) + \beta_6 T + u_{ijt}
\end{aligned} \tag{6-6}
$$

在模型（6-6）中，IM_{ijt} 表示 t 时期中国（在模型（6-6）中，中国用 i 表示）从 j 国进口的农产品虚拟水量，用以反映中国在进口过程中获得的福利；GDP_{it} 表示在 t 年中国的国内生产总值，GDP_{jt} 表示在 t 年 j 国的国内生产总值，这两个指标反映了中国和 36 个贸易伙伴国之一的 j 国经济规模或供给能力；$WATER_{ijt}$ 表示 j 国与中国的人均水资源之比，反映水资源禀赋；$Dist_{ij}$ 表示 j 国与中国之间的距离，反映了两个经济体之间的冰山运输成本；EFW_{ijt} 表示在 t 时期 j 国与中国的用水效率差异。在模型（6-6）中引入时间趋势变量 T，以更好地对外部冲击或者某些历史因素所产生的影响进行估计。$\beta_1 - \beta_5$ 表示进口国"自然"贸易流量。

因分析所用的样本时间较长（1995~2017 年），为更好地控制各经济体不随时间而变化的因素对贸易流量的影响，一般的倍差法将模型设定如下：

$$\ln IM_{ijt} = \beta_0 + \beta_1 \ln GDP_{it} + \beta_2 \ln GDP_{jt} + \beta_3 \ln Dist_{ij} + \beta_4 \ln WATER_{ijt}$$
$$+ \beta_5 \ln EFW_{ijt} + \sigma_1 CAFTA_t + \sigma_2 Mem_j + \sigma_3 CAFTA_t Mem_j + \beta_6 T + u_{ijt}$$

$$(6-7)$$

在模型（6-7）中，加入了三个虚拟变量，其中，$CAFTA_t$ 表示在 t 年是否建立了 CAFTA，Mem_j 表示出口国是否为 CAFTA 成员国，交互项 $CAFTA_t \times Mem_j$ 的系数 σ_3 是进口国的净贸易效应。然而，如此设定模型却无法直接测度贸易创造效应和贸易转移效应，也忽略了其他历史文化因素的影响。因此，本书借鉴高托（Gauto，2012）衡量贸易创造效应和贸易转移效应的方法，重新引入两个交互变量 CM_{jt}、CNM_{jt} 和一个虚拟变量 $Nomem_j$，利用倍差法的转化形式再次修正模型，如模型（6-8）所示：

$$CAFTA_t = CM_{jt} + CNM_{jt} \quad CM_{jt} = CAFTA_t \times Mem_j \quad CNM_{jt}$$
$$= CAFTA_t \times Nomem_j$$

$$(6-8)$$

在模型（6-8）中，变量 CM_{jt} 表示在 CAFTA 建成后且出口国是否为成员国，是则取值为 1，否则，取值为 0；类似地，变量 CNM_{jt} 表示在 CAFTA 建成后且出口国是否为非成员国，是则取值为 1，否则，取值为 0；变量 $Nomem_j$ 表示出口国是否为 CAFTA 非成员国，是则取值为 1，否则，取值为 0。将模型（6-8）代入模型（6-7），处理后得到如下估计模型：

$$\ln IM_{ijt} = \beta_0 + \beta_1 \ln GDP_{it} + \beta_2 \ln GDP_{jt} + \beta_3 \ln Dist_{ij} + \beta_4 \ln WATER_{ijt}$$
$$+ \beta_5 \ln EFW_{ijt} + \theta_1 Mem_j + \theta_2 CM_{jt} + \theta_3 CNM_{jt} + \beta_6 T + u_{ijt} \quad (6-9)$$

在模型（6 – 9）中，系数 θ_1 表示 CAFTA 建成前中国 – 东盟自由贸易区（CAFTA）成员国与中国 – 东盟自由贸易区（CAFTA）非成员国对中国（在模型（6 – 9）中，中国用 i 表示）出口的差距；系数 θ_2 表示CAFTA 建成前后，中国从中国 – 东盟自由贸易区（CAFTA）区域内其他成员国进口流量的变化，即贸易创造效应。系数 θ_3 表示 CAFTA 建成前后中国从中国 – 东盟自由贸易区（CAFTA）区域外非成员国进口流量的变化即贸易转移效应，此时，中国的福利是否得以改善，取决于贸易创造效应能否抵消贸易转移效应；$\theta_2 - \theta_3$ 衡量了倍差法估计下 CAFTA 对中国的净贸易效应，即平均处理效应。本书同时用该效应的符号来说明，相对非 CAF-TA 成员国而言，CAFTA 成员国在中国贸易地位的变化。总之，倍差法的运用，使一些确实影响因变量但又不随时间而变化的因素得以削弱或消除。

（二）计量方法的选择

考虑到贸易成本过高、数据缺失、测量误差和记录误差等都会导致零贸易出现，因此，本书除使用 OLS 回归外，仍然继续采用 OLS（Y + 1）回归以及泊松极大似然法的期望值指数化，得到模型（6 – 10）：

$$E(IM_{ijt} | X) = \exp(X\delta) \quad (6-10)$$

在模型（6 – 10）中的 IM_{ijt} 为正值，X 表示模型（6 – 9）中所有自变量的集合，δ 为 X 中对应变量的系数集合。考虑误差项 $\nu_{ijt} = IM_{ijt} - E(IM_{ijt} | X)$，且满足零条件均值假定 $E(\nu_{ijt} | X) = 0$，则：

$$IM_{ijt} = \exp(X\delta) + v_{ijt} \quad (6-11)$$

若将模型（6 – 11）中的 X 和 δ 两个集合具体化，便可得到本书需要的回归模型：

$$IM_{ijt} = \exp\ (\beta_0 + \beta_1 \ln GDP_{it} + \beta_2 \ln pGDP_{jt} + \beta_3 \ln Dist_{ij} + \beta_4 \ln WATER_{ijt}$$
$$+ \beta_5 \ln EFW_{ijt} + \theta_1 Mem_j + \theta_2 CM_{jt} + \theta_3 CNM_{jt} + \beta_6 T)\ + v_{ijt} \quad (6-12)$$

在模型（6 – 12）中，若 $IM_{ijt} \geq 0$，从而包含了零贸易流，该模型就是待估计的 PPML 回归方程。在泊松分布假设下，即贸易流量的条件均值

$E(IM_{ijt} | X)$ 和条件方差 $Var(IM_{ijt} | X)$ 对应成比例时，估计斜率系数只需满足以下一阶条件：

$$\sum \left[IM_{ijt} - \exp(X\delta) \right] X = 0 \qquad (6-13)$$

基于模型（6-13）的 PPML 系数约束方程，为避免较大条件均值的曲率会被相应较大的条件方差抵消，采取对所有的观测值设置同样权重的方法。最后，在解释自变量对因变量的平均偏效应时，只需将模型（6-12）的泊松结果方程取对数，便可恢复到如模型（6-9）的常弹性方程。

（三）变量含义及描述性统计

本书选取表6-4中除 $lnIM_{ij}$ 以外的变量，作为中国农产品虚拟水国际贸易回归中的自变量。这些自变量分别从规模经济、要素禀赋、贸易成本等方面，反映对中国农产品虚拟水国际贸易的影响。各自变量含义如下。

第一，GDP_j 表示 36 个贸易伙伴国中 j 国的经济规模，GDP_i 表示中国经济规模。根据引力模型的内涵，这两个变量的系数符号值应为正。

第二，$WATER_{ij}$ 反映中国与 36 个贸易伙伴国中 j 国的水要素禀赋差异对因变量的影响，以双边人均水资源之比表示。根据要素禀赋理论及比较优势理论，该变量的系数符号应为正。

第三，EFW_{ij} 反映中国与 36 个贸易伙伴国中 j 国的用水效率差异，以中国和 j 国的水生产率（单位水投入与单位产出比）来表示。根据技术进步对贸易影响的相关研究，其系数符号为正。

第四，Mem_j 表示 j 国是否为 CAFTA 成员国，CAFTA 的贸易效应是待考察的对象，因此，CAFTA 成员国对因变量影响的系数符号待定。

第五，CM_{jt} 为 CAFTA 是否建立与 j 国是否为 CAFTA 成员国的交互项，若 CAFTA 的建成带来贸易创造效应，则系数符号为正。

第六，CNM_{jt} 为 CAFTA 是否建立与 j 国是否为非 CAFTA 成员国的交互项，若 CAFTA 的建成存在贸易转移效应，则系数符号为正。

第七，T 表示时间趋势变量，其系数表示通货膨胀对贸易的影响程度，符号待定。

利用 Stata 15.0 软件的 SUMRIZE 统计分析方法对表 6-4 所选择的中

国农产品虚拟水进口影响因素各变量的性质进行统计检验，均值和标准差均在合理的范围内。中国农产品虚拟水贸易进口影响因素变量的统计性描述，见表6－4。

表6－4　　中国农产品虚拟水贸易进口影响因素变量的统计性描述

变量	含义	观测值	均值	标准差	最小值	最大值
$lnIM_{ij}$	中国从 j 国进口农产品虚拟水贸易量（对数）	698	7.23	2.311	-1.287	12.115
$\ln GDP_j$	j 国 GDP（对数）	698	8.027	1.779	2.549	12.057
$\ln GDP_i$	中国 GDP（对数）	698	10.049	0.893	8.629	11.550
$\ln D_{ij}$	中国与 j 国的经济距离（对数）	698	8.760	0.613	6.862	9.855
$\ln WATER_{ij}$	j 国与中国人均水资源比（对数）	698	8.827	1.512	4.709	11.512
$\ln EFW_{ij}$	j 国与中国水生产率比（对数）	698	-1.644	1.767	-4.605	2.197
Mem_j	j 国是否为 CAFTA 成员国	698	1.231	1.326	-2.12	5.819
CM_{jt}	CAFTA 是否建立与 j 国是否为 CAFTA 成员国的交互项	698	0.066	0.249	0	1.000
CNM_{jt}	CAFTA 是否建立与 j 国是否为 CAFTA 非成员国的交互项	698	0.179	0.383	0	1.000
T	时间趋势变量	698	11.000	6.059	1	21.000

资料来源：笔者根据世界银行的世界发展指标数据库、联合国粮食及农业组织数据库及历年《中国农业年鉴》的相关数据，利用 Stata 15.0 软件分析计算整理而得。

（四）数据说明

本书选取 1994～2017 年中国与 36 个贸易伙伴国的农产品虚拟水进口量及各个解释变量的面板数据为样本，进行中国农产品虚拟水国际贸易的自由贸易区效应实证分析。中国与 36 个贸易伙伴国的农产品虚拟水进口量的数据根据本书第四章的测算方法得到，其他解释变量数据来自世界银行数据库、联合国粮食及农业组织数据库及历年的《中国农业统计年鉴》。本书采用的填充零贸易流的方法是，若某年进出口国双方发生农产品虚拟水贸易，而其他时期内有贸易中断或贸易终止的情况，则将这些缺失数据以零贸易流代替；若两国从未发生农产品虚拟水贸易，则不做填充处理。

（五）实证结果及分析

本书分别以混合 OLS 估计法和泊松极大似然估计法作为实证分析工具，其中，混合 OLS 估计法中又以是否考虑零贸易流加以区分，并分别进行 OLS（IM）估计与 OLS（IM＋1）估计。在三种不同数据处理形式下中国农产品虚拟水国际贸易的自由贸易区效应实证结果，见表 6－5。结果分析是以考虑零贸易流的泊松极大似然估计为准，并将其余两种方法的结果与之进行比较。

表 6－5　在三种不同数据处理形式下中国农产品虚拟水国际贸易的
自由贸易区效应实证结果

变量	混合 OLS 估计法	OLS（Y＋1）	泊松极大似然（PPML）估计法
	ln（IM）	ln（IM＋1）	IM
$\ln GDP_{it}$	0.996 （1.79）*	1.027 （1.9）**	0.128 （2.92）**
$\ln GDP_{jt}$	1.002 （23.94）***	0.975 （24.1）***	0.139 （13.08）***
$\ln D_{ij}$	－0.827 （7.93）***	－0.797 （7.9）***	－0.115 （4.4）***
$\ln WATER_{ijt}$	0.086 （2.07）**	0.104 （2.58）***	0.009 （0.82）
$\ln EFW_{ijt}$	0.534 （8.49）***	0.522 （8.59）***	0.070 （4.37）***
Mem_j	0.930 （4.64）***	1.004 （5.19）***	0.124 （2.42）***
CM_{jt}	0.088 （1.3）	0.160 （2.56）**	0.013 （2.18）**
CNM_{jt}	－0.097 （1.42）	－0.079 （2.35）**	－0.190 （2.35）**
T	－0.138 （1.8）*	－0.143 （－1.92）*	0.018 （0.92）
常数项	－16.831 （3.49）**	－16.825 （3.61）***	－1.260 （1.05）
N	698	756	756

注：***、**、* 分别表示在 1%、5% 和 10% 的水平上显著，括号内为 t 值。
资料来源：笔者根据世界银行的世界发展指标数据库、联合国粮食及农业组织数据库及历年《中国农业年鉴》的相关数据，利用 Stata 15.0 软件分析计算整理而得。

从表6－5报告的结果来看,有以下三点:

第一,大部分变量的系数在1%的水平上显著且符号与现实情况相符。中国的经济规模每提高1%,中国从j国进口的农产品虚拟水量将增长0.128%,出口国j国的经济规模每提高1%,中国从j国进口的农产品虚拟水量将增长0.139%;贸易双方的经济距离每增加1%,中国从j国进口的农产品虚拟水量便减少0.115%;j国与中国人均水资源差异每增加1%,中国从j国进口的农产品虚拟水量便增加0.009%;j国与中国用水效率的差异每增加1%,中国从j国进口的农产品虚拟水量增加0.070%。

第二,Mem的系数显著,系数值为0.124,说明在CAFTA建立之前东盟国家已是中国的重要贸易伙伴;时间趋势变量的系数为正但不显著,说明通货膨胀等因素对中国农产品虚拟水进口量有影响但不明显。

第三,就贸易效应而言,CAFTA建成后至2017年,中国从东盟j国进口的农产品虚拟水量平均增长20.3%,这就是CAFTA对中国的贸易创造效应;CNM的系数为负但不显著,不存在由CAFTA引起的贸易转移效应的证据,从而在倍差法估计下CAFTA对中国的净贸易效应,即平均处理效应为20.3%[①],即CAFTA在给中国带来贸易创造效应的同时,进一步加强了其与东盟国家之间的贸易联系。

(六) 小结

第一,本书将倍差法和泊松极大似然估计法引入贸易引力模型,以探究CAFTA对中国的农产品虚拟水贸易效应,并依据平均处理效应的符号和大小判断CAFTA是否改善了中国与东盟的双边经贸关系。实证结果表明,CAFTA给中国带来了贸易创造效应,而没有以任何贸易转移为代价。CAFTA对中国的净贸易效应,即平均处理效应为20.3%,因而说明CAFTA对中国从东盟进口农产品虚拟水量的增长起着较大促进作用,也改善了中国的贸易福利。因东盟与其他国家的虚拟水贸易量的测算数据

---

① 20.3%是根据表6－5的相关数据计算而得。

难以获得，故而本节并未讨论 CAFTA 对东盟国家从中国进口农产品虚拟水的影响效应。

第二，CAFTA 政策对中国的积极效应毋庸置疑，加快推进中国与东盟国家的经济与贸易合作势在必行。促进中国和东盟国家国民收入的增长、提高中国和东盟人均收入水平、补充和完善 CAFTA 的相关内容等，都能够有效地带动中国-东盟双边贸易的迅速发展。目前，中国对原产于东盟国家的大部分农产品实行零关税政策，CAFTA 区域内农产品虚拟水主要载体的农产品应逐步实现产业规模化，同时，加强贸易流通渠道和现代化的物流设施建设，加强中国与东盟国家的农业投资与合作，进一步推进中国-东盟农产品虚拟水贸易的发展。

第二节　中国-东盟农产品虚拟水贸易对中国的影响

有效开展中国-东盟农产品虚拟水贸易策略，对于中国的农业与农产品贸易、水安全、粮食安全、生态环境等重要经济问题与社会民生问题具有积极的影响作用。

一、对中国农产品贸易的影响

如前文所述，中国-东盟农产品虚拟水贸易随着双边农产品贸易的扩大而扩大；同时，实施中国-东盟农产品虚拟水贸易策略，将有助于推动中国农产品对外贸易的发展。中国-东盟农产品虚拟水贸易与中国农产品虚拟水国际贸易情况，见表 6-6，中国-东盟农产品贸易与中国农产品对外贸易情况，见表 6-7。2010~2017 年，随着中国与东盟农产品虚拟水贸易的增长，中国-东盟农产品贸易占中国农产品对外贸易的比例也逐年增加，说明中国-东盟农产品虚拟水贸易对中国农产品对外贸易具有一定的递增性贡献。

表 6 - 6　中国－东盟农产品虚拟水贸易与中国农产品虚拟水国际贸易情况

年份	中国－东盟农产品虚拟水贸易总量 (10^8 m^3)	中国农产品贸易虚拟水国际贸易总量 (10^8 m^3)	总量占比 (%)	中国从东盟进口的农产品虚拟水量 (10^8 m^3)	中国农产品虚拟水国际贸易进口总量 (10^8 m^3)	进口占比 (%)	中国对东盟出口的农产品虚拟水总量 (10^8 m^3)	中国农产品虚拟水国际贸易出口总量 (10^8 m^3)	出口占比 (%)
1996	56.41	349.57	0.16	27.58	141.64	0.19	28.24	207.93	0.14
1997	54.60	325.82	0.17	24.05	123.37	0.19	29.95	202.45	0.15
1998	55.28	293.04	0.19	22.42	101.91	0.22	33.05	191.13	0.17
1999	48.37	278.59	0.17	22.41	94.18	0.24	25.50	184.41	0.14
2000	48.98	334.16	0.15	22.04	127.32	0.17	27.13	206.84	0.13
2001	46.30	304.29	0.15	24.73	123.55	0.20	22.00	180.74	0.12
2002	59.79	311.29	0.19	28.79	116.41	0.25	30.96	194.88	0.16
2003	73.88	390.08	0.19	39.76	166.46	0.24	34.05	223.62	0.15
2004	70.47	424.25	0.17	46.91	220.40	0.21	23.35	203.85	0.11
2005	72.06	514.89	0.13	43.45	218.83	0.20	28.58	296.06	0.10
2006	78.31	493.15	0.16	48.53	204.51	0.24	29.93	288.64	0.10
2007	101.13	562.96	0.18	65.21	234.82	0.28	36.19	328.14	0.11
2008	118.97	674.30	0.18	79.94	326.62	0.24	40.21	347.68	0.12
2009	113.28	732.58	0.15	69.43	362.77	0.19	43.32	369.81	0.12
2010	140.94	1100.68	0.19	83.57	386.44	0.22	58.17	714.24	0.08
2011	162.33	834.67	0.17	96.36	438.19	0.22	65.10	396.48	0.16

续表

年份	中国－东盟农产品虚拟水贸易总量（10⁸m³）	中国农产品虚拟水国际贸易总量（10⁸m³）	总量占比（%）	中国从东盟进口的农产品虚拟水量（10⁸m³）	中国农产品虚拟水国际贸易进口总量（10⁸m³）	进口占比（%）	中国对东盟出口的农产品虚拟水总量（10⁸m³）	中国农产品虚拟水国际贸易出口总量（10⁸m³）	出口占比（%）
2012	162.53	889.59	0.16	100.09	500.75	0.20	62.62	388.84	0.16
2013	167.25	920.16	0.20	103.90	511.32	0.20	64.73	408.84	0.16
2014	270.81	953.19	0.22	106.38	525.78	0.20	67.03	427.41	0.16
2015	169.75	941.84	0.18	98.03	484.51	0.20	71.72	457.33	0.16
2016	173.02	998.43	0.17	96.81	478.45	0.21	76.21	519.98	0.15
2017	193.13	1103.60	0.18	113.83	562.58	0.20	79.30	541.02	0.15

资料来源：笔者根据历年《中国投入产出表》《中国环境统计年报》《中国水资源公报》的相关数据计算整理而得。

（一）中国－东盟农产品虚拟水贸易与中国农产品虚拟水国际贸易的联系及发展趋势

表6－6提供的数据，显示了三个基本特征。

第一，中国－东盟农产品虚拟水贸易总量与中国农产品虚拟水国际贸易总量逐年增长，中国－东盟农产品虚拟水贸易总量占中国农产品虚拟水国际贸易总量的比重呈缓慢增长趋势，说明相比中国与其他国家的农产品虚拟水贸易而言，中国与东盟国家的农产品虚拟水贸易逐年增长且增速更快。同样，1996～2017年，中国对东盟国家的农产品虚拟水出口量与进口量的变化趋势与总量的变化趋势一致。中国对东盟国家的农产品虚拟水出口量从1996年的28.24亿立方米上升至2017年的79.30亿立方米，占中国农产品虚拟水国际贸易出口量的比重从1996年的14%上升至2017年的15%。中国从东盟国家进口的农产品虚拟水量从1996年的27.58亿立方米上升至2017年的113.83亿立方米，占中国农产品虚拟水国际贸易进口量的比重从1996年的19%上升至2017年的20%。

第二，中国农产品虚拟水贸易进口增幅比出口增幅更大。1996～2017年的22年间，中国从东盟进口的农产品虚拟水贸易量共增加86.25亿立方米，而同期向东盟的出口量增加51.06亿立方米；同期，中国农产品虚拟水国际贸易进口总量共增加420.94亿立方米，出口总量共增加333.09亿立方米。

第三，中国农产品虚拟水国际贸易总量以及中国－东盟农产品虚拟水贸易总量均从中国贸易顺差转为中国贸易逆差，中国－东盟农产品虚拟水贸易中国贸易逆差占中国农产品虚拟水国际贸易的中国贸易逆差的比重逐年上升。1996年，中国农产品虚拟水国际贸易的贸易顺差为66.29亿立方米；2004年，中国农产品虚拟水国际贸易转为贸易逆差，逆差为16.55亿立方米；2017年，中国农产品虚拟水国际贸易的贸易逆差为21.56亿立方米。1996年，中国－东盟农产品虚拟水贸易的贸易顺差是0.66亿立方米，自2001年起，中国－东盟农产品虚拟水贸易转为中国贸易逆差，逆差为2.73亿立方米，占中国农产品虚拟水国际贸易的中国贸易逆差的 16.50% 。2017 年，中国－东盟农产品虚拟水贸易的中国贸易逆差为 34.53 亿立方米，占中国农产品虚拟水国际贸易的贸易逆差的 40%，占比增长 24.5%。

（二）中国－东盟农产品贸易与中国农产品对外贸易的联系及发展趋势

中国－东盟农产品贸易与中国农产品对外贸易情况，见表 6-7。从表提供的数据来看，中国农产品对外贸易呈现出三个特征。

表 6-7　　　　　中国－东盟农产品贸易与中国农产品
对外贸易情况　　　　　单位：百万美元

年份	中国－东盟农产品贸易总额	中国农产品对外贸易总额	中国从东盟进口农产品贸易额	中国农产品贸易进口总额	中国出口东盟农产品贸易总额	中国农产品出口贸易总额
2005	57.09	486	34.96	222	22.13	264
2006	75.72	538	47.70	236	28.02	302
2007	104.46	687	68.31	332	36.15	355
2008	129.66	893	87.82	504	41.84	389
2009	131.85	845	82.89	463	48.96	382
2010	178.82	1090	105.78	610	73.04	480
2011	240.57	1360	144.18	770	96.39	590
2012	258.25	1530	159.23	921	99.02	609
2013	261.44	1660	170.77	1110	90.67	550
2014	288.37	1770	185.73	1080	102.64	690
2015	301.44	1875	155.17	1169	146.27	706
2016	279.85	1641	134.67	1115	145.18	729
2017	314.32	1973	160.78	1247	153.54	755

资料来源：笔者根据联合国商品贸易数据库（http://comtrade.un.org）的相关数据计算整理而得。

第一，中国－东盟农产品贸易总额及中国农产品对外贸易总额快速增长。中国－东盟农产品贸易总额在 2005～2017 年增长约 4.5 倍。

第二，中国农产品贸易进口增幅大于出口增幅。2005～2017 年，中国从东盟进口的农产品共增加 125.82 百万美元，而同期中国出口东盟的农产品共增加 131.41 百万美元；2005～2017 年，中国农产品贸易进口额共增加 1025 百万美元，同期，中国农产品出口贸易总额共增加 491 百万美元。

第三，2005～2017 年，中国农产品进出口贸易由顺差转为逆差，在中国－东盟农产品贸易中，中国则一直处于贸易逆差，且逆差占中国农产品进出口贸易逆差的比重下降。2005 年，中国农产品进出口贸易顺差为 42 百万美元。2008 年，中国农产品进出口贸易转为逆差 115 百万美元；到 2017 年，中国农产品进出口贸易逆差为 492 百万美元。2005 年，中国－东盟农产品贸易的中国贸易逆差为 12.83 百万美元；2008 年，中国－东盟农产品贸易的中国贸易逆差为 45.98 百万美元，占 2008 年中国农产品进出口贸易逆差的 40%。2017 年，中国－东盟农产品贸易的中国贸易逆差为 7.24 百万美元。

（三）中国－东盟农产品虚拟水贸易逆差与中国农产品对外贸易逆差比较

根据对表 6-6、表 6-7 的分析可以看出，第一，中国－东盟农产品贸易总额占中国农产品对外贸易总额的比重不大于 18%，而中国－东盟农产品虚拟水贸易量占中国农产品虚拟水国际贸易总量的比重最高达 22%。第二，在中国－东盟农产品贸易及中国－东盟农产品虚拟水国际贸易中大多为中国贸易逆差，但中国－东盟农产品虚拟水贸易的中国贸易逆差占中国农产品虚拟水国际贸易的中国贸易逆差比重逐年上升，而中国－东盟农产品贸易的中国贸易逆差占中国农产品对外贸易的中国贸易逆差比重逐年下降。可见，中国－东盟农产品贸易主要是以耗水较高的农作物产品为主，农业加工品特别是附加值高的农产品还不多。综上所述，实施中国－东盟农产品虚拟水贸易策略，通过调整中国从东盟国家进出口农产品的产品结构，有利于从东盟国家进口更多水资源禀赋丰裕的农产品，同时，减少从东盟国家进口农产品的总量，从而分散中国的农产品进口市场。

二、对中国农业的影响

　　农业分为农、林、牧、副、渔等产业，其中，农作物生产耗水量、林业生产耗水量、渔业生产耗水量均较大，其他行业的生产耗水量较小。本书在第四章分别对农作物虚拟水量和农业虚拟水量进行了测算，利用测算结果整理绘制为图6－1和图6－2。2014年中国农业（农、林、牧、副、渔）虚拟水贸易情况，见图6－1。从图可知，中国与东盟农业产业内各行业的虚拟水贸易情况各有不同。

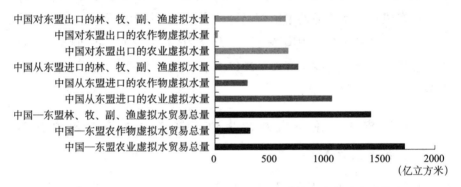

图6－1　2014年中国农业（农、林、牧、副、渔）虚拟水贸易情况
资料来源：笔者根据历年《中国投入产出表》《中国水资源公报》《中国环境统计年报》的相关数据计算整理绘制而得。

　　首先，从贸易总量来看，中国－东盟林、牧、副、渔等行业虚拟水贸易总量远远超过中国－东盟农作物虚拟水贸易总量。原因在于，林业产品和渔业产品与农作物均是耗水量较多的产品，且中国－东盟林、牧、副、渔等行业的贸易总量较大。

　　其次，无论从出口还是进口来看，中国－东盟农作物虚拟水出口量、进口量均分别小于中国－东盟林牧副渔虚拟水出口量和进口量，说明中国－东盟农作物出口量和进口量均小于中国－东盟林牧副渔出口总量和进口总量。

　　最后，从各种农产品贸易净值来看，无论是中国－东盟农作物虚拟水贸易，还是中国－东盟林、牧、副、渔虚拟水贸易，中国均为贸易逆差,因此,中国 - 东盟农业虚拟水贸易表现为中国贸易逆差。但中国与东盟林、牧、副、渔虚拟水贸易的中国贸易逆差额小于中国与东盟农作物虚拟水贸易的中国贸易逆差额。这说明,中国 - 东盟农产品虚拟水贸易的中国贸易逆差,主要来源于中国 - 东盟农作物虚拟水贸易,同时,也体现出中国 - 东盟农产品贸易中的产业内贸易主要发生在林、牧、副、渔等行业,原因是中国与东盟这些行业的进出口贸易差额不大。

综上所述,分析中国与东盟国家农业虚拟水贸易中农、林、牧、副、渔等产品的虚拟水进出口情况的启示是:其一,开展中国 - 东盟农业虚拟水贸易,对优化双边国家农业产品结构、充分利用各自的资源优势具有促进作用,同时,也有利于推进双边农业产业内贸易;其二,在农作物贸易方面,中国与东盟国家应进一步加强优势互补,相互交换各自具有竞争力的农作物,比如,中国可扩大对东盟茶叶、蔬菜的出口以及木薯、天然橡胶等产品的进口;其三,在林、牧、副、渔等农产品贸易方面,中国可以从东盟国家进口木材以及渔业产品,并向东盟国家出口畜牧产品和副产品,从而在扩大虚拟水进口的同时,促进双边农产品的产业内贸易。

三、对中国水安全的影响

(一) 有助于缓解国内水资源紧缺状况

中国 - 东盟农产品虚拟水贸易的中国净进口情况,见图 6 - 2,自 2003 年开始,中国 - 东盟农产品虚拟水贸易一直为中国净进口,2003 年,中国 - 东盟农产品虚拟水贸易中国净进口 37 百万立方米虚拟水,2014 年,中国从东盟净进口的农产品虚拟水量达 373 百万立方米,10 余年间,中国 - 东盟农产品虚拟水贸易的中国净进口量增加了 9 倍。可见,中国每年从东盟国家进口农产品的同时,输入了越来越多的水资源,随着农产品进口的逐年增长,节约的水资源量也越来越多,对于缓解日益加剧的水资源紧缺状况具有重要意义。

（二）有助于缓解国内农业用水压力

在世界范围内，水资源短缺只是局部现象，农产品所含的虚拟水和贸易之间的特殊关联，为水资源短缺地区提供了在更大范围内的解决途径。当前，世界上许多国家对粮食进口实施政策补贴的效应之一，有助于补充本地区水资源的不足。中东地区和北非地区的经验已经清楚地证明了这一点。从 20 世纪 80 年代起，这些地区每年需要进口超过 400 万吨谷物和面粉，其中，包含的虚拟水量甚至超过了尼罗河的径流量（马涛和陈家宽，2006）。

可见，中国通过中国－东盟农产品贸易进口的虚拟水，对于缓解国内特别是重要农业区的缺水状况起到了重要作用。中国－东盟农产品虚拟水贸易的中国净进口情况，见图 6－2。

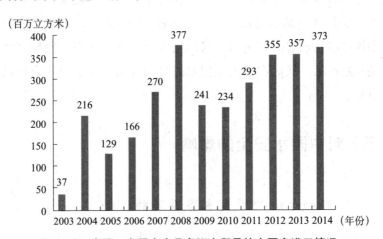

图 6－2　中国－东盟农产品虚拟水贸易的中国净进口情况

资料来源：笔者根据本书第四章测算结果计算整理绘制而得。

从具体农产品来看，目前，中国除大量从东盟国家进口大米外，还从其他国家大量进口大豆、大麦和小麦等谷物。

根据这些谷物的国内种植分布情况，大豆的主产区位于东北地区，大麦的主产区位于黄淮地区和西北地区，小麦的主产区位于黄淮地区和华北地区，这些地区属于中国水资源贫乏最严重的区域。例如，东北地区耕地面积占全国的 22.20%，而水资源量只占全国的 8.29%；黄淮地区耕地面积占全国的 15.87%，而水资源量只占全国的 5.25%。[①] 从这些谷物的具体品种来看，小麦的虚拟水要素含量并不是很高，加之国内生产的小麦品质一般、生产成本较高，使得小麦出口不具有显著的比较优势。小麦产量维持在满足内需的水平上，既可减轻中国北方水资源短缺的压力，也符合比较优势原则。水稻的主产区南方地区水资源相对丰富，杂交水稻种植广泛、产量较大，水稻种植与贸易相对具有比较优势，应适度增加出口。

综上所述，中国农业用水压力很大，部分农业生产布局没有很好地发挥区域水资源的比较优势。解决这些问题的途径之一，就是有效地开展中国－东盟农产品虚拟水贸易。一方面，中国应较多地进口东盟的农产品特别是大米，从而输入更多的农产品虚拟水，对缓解农业水资源压力具有重要作用；另一方面，中国南方地区对东盟出口的农产品中大米、果蔬出口占比较大，这将有助于发挥中国南方地区水资源的比较优势。

（三）有助于缓解国内用水压力

目前，中国的区域间的虚拟水贸易也有不尽合理的地方，根据中国水部门的规划思路，虚拟水应从富水区向缺水区流动，而现实中，则存在着虚拟水从缺水区向富水区流动的情况，比较典型的地区是中国的华北平原。华北平原处于中国北方地区，人口多，聚集着京津唐等大中城市及工业区，用水紧张，而且，该地区降水量比南方地区要少得多。华北地区大面积种植水稻、小麦、玉米等耗水量大的农作物，在一定程度上形成了农业用水与工业用水、生活用水的争抢。随着中国城镇化的发展，城市人口日益增多，产业用水的不合理配置，势必加剧地区用水压力。有鉴于此，有效地实施中国－东盟农产品虚拟水贸易策略，保持从东盟进口一定的农产品虚拟水量，根据区域优势合理安排农产品生产，既丰富了国内农产品供给，节约了水资源，又有助于在减轻农业用水压力的基础上缓解国内用水压力。

---

① 数据来源：笔者根据《2019 年全国耕地质量等级情况公报》《2019 年水资源公报》的相关数据计算而得。

（四）提供水资源迁移、储存和利用的新手段

在农产品中蕴含的虚拟水生产要素，实际上是以虚拟形式储存的水资源。合理利用中国－东盟农产品贸易的虚拟水相较于调配实体水而言，无论从经济效益角度还是从环境效益角度来看，都具有明显的优越性，这对于目前中国与东盟国家具有现实意义。此外，中国与东盟国家的土壤条件各异，对原本不能形成径流的土壤水资源（土壤水库），可以通过双边农产品虚拟水贸易途径将其储藏于依靠土壤水生产的产品之中，进行区域间的调配、转化和迁移。

四、对中国粮食安全的影响——以中国－东盟大米虚拟水贸易为例

东盟区域是世界上重要的粮食供给来源地，其中，大米输出在世界市场上占有重要位置。因此，通过分析中国－东盟大米虚拟水进出口情况，有助于观察中国－东盟农产品虚拟水贸易对中国粮食安全的重要意义。

（一）中国－东盟大米虚拟水贸易分析

中国－东盟大米虚拟水贸易情况，见表6－8。中国－东盟大米虚拟水贸易在中国－东盟农产品虚拟水贸易中具有重要地位，其主要特点有：第一，中国－东盟大米虚拟水进出口量占中国大米虚拟水进出口量的比重较高。2017年，中国－东盟的大米虚拟水进出口量为329.074亿立方米，占中国大米虚拟水进出口量的86.40%。第二，1996~2017年，大多数年份中国进口东盟大米虚拟水量占中国大米虚拟水进口量的比例均高达95%以上，但自2012年以后有所下降。第三，中国出口东盟大米虚拟水量占中国大米虚拟水出口量的比重较低，近10年来均不超过7.00%。第四，中国大米虚拟水贸易呈贸易逆差趋势，且贸易逆差主要来源于中国－东盟大米虚拟水贸易。2017年，中国大米虚拟水贸易逆差为371.218亿立方米，其中，来自中国－东盟大米虚拟水贸易的贸易逆差为328.098亿立方米。

表6-8　中国－东盟大米虚拟水贸易情况

年份	中国－东盟大米虚拟水进出口量（亿立方米）	中国大米虚拟水进出口量（亿立方米）	总量占比（%）	中国进口东盟大米虚拟水量（亿立方米）	中国大米虚拟水进口量（亿立方米）	进口占比（%）	中国出口东盟大米虚拟水量（亿立方米）	中国大米虚拟水出口量（亿立方米）	出口占比（%）
1996	61.017	65.601	0.930	61.005	63.835	0.956	0.012	1.766	0.007
1997	28.498	33.602	0.848	27.177	27.346	0.994	1.321	6.256	0.211
1998	39.030	45.351	0.861	20.376	20.460	0.996	18.654	24.891	0.749
1999	21.031	32.143	0.654	14.052	14.109	0.996	6.979	18.034	0.387
2000	24.879	39.671	0.627	19.958	20.005	0.998	4.921	19.666	0.250
2001	22.999	34.948	0.658	22.533	22.565	0.999	0.466	12.384	0.038
2002	21.368	32.975	0.648	19.381	19.802	0.979	1.987	13.174	0.151
2003	22.440	38.871	0.577	21.444	21.546	0.995	0.996	17.325	0.057
2004	63.391	69.391	0.914	63.303	63.424	0.998	0.088	5.967	0.015
2005	43.148	47.582	0.907	43.066	43.108	0.999	0.082	4.474	0.018
2006	60.519	68.518	0.883	60.214	60.279	0.999	0.305	8.239	0.037
2007	39.664	48.429	0.819	39.551	39.600	0.999	0.113	8.828	0.013
2008	24.879	31.235	0.797	24.726	24.780	0.998	0.154	6.455	0.024
2009	28.374	33.520	0.846	28.264	28.299	0.999	0.110	5.222	0.021
2010	30.647	34.825	0.880	30.554	30.699	0.995	0.093	4.126	0.022

续表

年份	中国－东盟大米虚拟水进出口量（亿立方米）	中国大米虚拟水进出口量（亿立方米）	总量占比（%）	中国进口东盟大米虚拟水量（亿立方米）	中国大米虚拟水进口量（亿立方米）	进口占比（%）	中国出口东盟大米虚拟水量（亿立方米）	中国大米虚拟水出口量（亿立方米）	出口占比（%）
2011	47.759	51.924	0.920	47.638	48.491	0.982	0.121	3.433	0.035
2012	147.033	198.429	0.741	146.941	196.570	0.748	0.092	1.859	0.050
2013	153.218	191.347	0.801	153.139	188.160	0.814	0.079	3.186	0.025
2014	180.146	217.129	0.830	180.046	214.337	0.840	0.101	2.791	0.036
2015	243.514	282.762	0.861	243.397	280.858	0.867	0.117	1.904	0.061
2016	255.730	297.510	0.862	255.570	294.900	0.866	0.160	2.608	0.062
2017	329.074	387.098	0.864	328.586	379.158	0.867	0.488	7.940	0.061

资料来源：笔者根据联合国商品贸易数据库的相关数据及彭曼公式计算整理而得。

（二）中国－东盟大米进出口分析

在2007~2008年世界粮食危机之后，中国－东盟双边大米贸易发展较快。

首先，从中国与东盟大米贸易在世界大米贸易中的重要地位来看，2017年，中国与东盟国家的大米出口占世界大米出口的33.8%，其中，泰国、越南、中国三国的大米总出口占中国－东盟自由贸易区大米对世界出口的96.3%。[①]

其次，中国出口东盟大米占中国大米总出口的比重不大，且出口市场较集中。根据联合国商品贸易数据库的数据，2017年，中国向东盟出口大米的金额为3700.84万美元，就大米出口的东盟国家市场而言，中国向菲律宾出口大米0.96万吨；中国向越南出口大米0.72万吨，2017年度中国对东盟大米出口量，见图6－3。菲律宾和越南是中国向东盟出口大米的主要对象。从中国出口东盟国家的大米占中国大米出口份额的情况来看，2017年，中国大米出口总量为28.594万吨，出口额为2.674亿美元；中国对东盟大米出口额占全年中国出口大米总额的6.2%。[②]

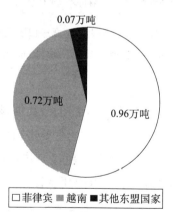

图6－3　2017年度中国对东盟大米出口量

资料来源：笔者根据联合国商品贸易数据库（comtrade. un. org）的相关数据计算整理绘制而得。

---

①② 数据来源：笔者根据联合国商品贸易数据库（comtrade. un. org）数据计算而得。

再次，在大米进口方面，2017年中国大米主要进口国及进口量，见图6－4。2017年，中国进口大米335万吨，其中，从越南进口大米约179.43万吨，占进口总量的53.56%；从泰国进口大米93.14万吨，占进口总量的27.80%；[①] 从世界其他国家进口大米62.43万吨，占进口总量的18.64%。可见，毫无疑问，越南和泰国两个东盟国家是中国进口大米的主要来源地，仅此两国对中国大米的出口量即达272.57万吨，占中国2017年全年大米进口量的81.36%。

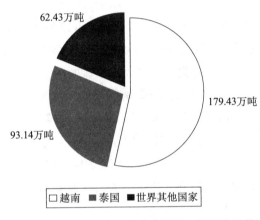

图6－4　2017年中国大米主要进口国及进口量

资料来源：笔者根据联合国商品贸易数据库（comtrade. un. org）的相关数据计算整理绘制而得。

最后，在大米价格方面，据近年的价格数据显示，中国从东盟进口大米的价格低于国产大米。中国大米的主要进口国是泰国、越南这两个东盟国家和巴基斯坦。泰国、越南的稻谷一年可以产2～3季，产量高且生产成本低。2014～2017年，中国从越南等国进口大米的到岸价约为3.2元/千克；[②] 2017年上半年，破碎率15%的越南大米到货价为3560元/吨，破碎率15%的泰国大米到货价为3717元/吨，破碎率15%的巴基斯坦大米到货价为3700元/吨。在国产大米价格方面，目前，湖南产早籼米价格为3730元/吨，江苏产杂交米价格为3920元/吨，湖北产丰两优米价

---

①② 资料来源：联合国商品贸易数据库，http://comtrade. un. org。

格为 4520 元/吨，黑龙江产圆粒米价格为 4720 元/吨，湘赣粤产黄华占水稻价格为 4820 元/吨。[①] 可见，东盟主要大米出口国泰国、越南的大米价格低于中国国产大米的价格。[②]

（三）中国－东盟大米虚拟水贸易有利于缓解国内大米供应不足状况

中国与东盟之间的大米进出口，对于中国大米的对外贸易以及调整满足国内大米需求具有重要影响。中国－东盟大米虚拟水贸易与双边的大米贸易紧密关联，尤其是从水资源禀赋优势的视角思考这一关联更具有重要的现实意义，因此，有效地实施中国－东盟大米虚拟水贸易策略确实可行。2010 年，中国大米进出口改变了长达 50 年的贸易顺差地位，首次由出口大于进口转变为进口大于出口，贸易逆差状况保持至今且逐年增大。2010 年，中国－东盟自由贸易区全面建成之后，大部分农产品实行零关税，其中包括大米，虽然不是所有品种的大米进口均已实施零关税，但 CAFTA 建成还是刺激了中国从东盟进口大米的趋势大幅增长且每年递增。基于这一现实趋势，正视东盟国家的水资源优势和中国的水资源劣势，稳步扩大双边大米虚拟水贸易，是满足国内大米多元需求的一个好办法。

目前，中国与东盟国家的大米贸易，主要集中于越南、菲律宾、泰国，而老挝、缅甸、柬埔寨等水资源富足的东盟国家出产的大米品质也有上佳表现，地域特色优势突出。随着这些东盟国家经济发展步伐的加快，必将有助于中国与其开展大米贸易，从而有望进一步开拓国际市场空间，促进大米贸易多元化发展。

五、对中国生态环境的影响

1. 有利于减少国内水资源的过度开采

随着经济的快速发展，国内对水资源的需求增加，地下水开发也越

---

① 资料来源：大米价格网，www.mishou.cn。

② 根据大米贸易方式的不同，所报价格的交货地点有所差异，因此，有到岸价、到货价、到站价等不同价格。

来越多，当达到过度开采的程度后，将带来许多环境问题和水资源安全问题，而地下水正是中国北方极其重要的供水水源。过度开采地下水导致的后果对社会、经济影响均较大，如地下水位的持续下降、地面沉积、塌陷、地裂缝、海水入侵、地下水污染等，严重影响着城市发展和生活用水。有鉴于此，实施中国－东盟农产品虚拟水贸易策略，合理安排农业生产布局，适度减少北方水资源紧缺地区的高耗水农作物的种植规模，代之以推广低耗水经济作物的种植及其附加值产品开发，相对减少低效率的农业用水，以补充工业用水、服务业用水以及生活用水，从而合理安排水资源开采及有效利用。

2. 有利于改善水文生态环境

开展中国－东盟农产品虚拟水贸易的一个重要启示是，通过农产品虚拟水贸易乃至农业虚拟水贸易的有效开展，贫水地区减少水资源密集型产品的生产确实有其现实意义和可操作性。一个显而易见的效果，即在一定程度上减少了源自江、河、湖的农业灌溉用水，节约了农产品生产用水，为工业以及服务业提供了用水空间，从而减少对江水、河水、湖水等淡水水源的过度使用，有利于改善水文生态环境。

第七章　结论与建议

本书从文献综述、理论研究和实证分析等层面，对中国－东盟农产品虚拟水贸易进行了较为深入的分析论证，得出了具有一定学术价值和实践意义的研究结论，并据此提出了有针对性的相关建议。

第一节　研究结论

本书主要有以下七点研究结论。

第一，中国－东盟开展农产品虚拟水贸易具备现实基础条件。首先，中国水资源短缺且水资源安全问题突出，而东盟大部分国家的水资源相对充裕，人均水资源比中国的人均水资源丰富，双边农产品贸易与各自的水资源禀赋密切相关，为实施双边农产品虚拟水贸易策略提供了可行性；其次，中国与东盟各国农业产业结构类似，农业发展与合作关系紧密，有着长久且良好的农产品贸易往来；最后，中国－东盟自由贸易区的建立与平稳运行为双边农产品虚拟水贸易策略的有效实施，提供了更开放的市场条件以及重要的政策支持，对中国－东盟自由贸易区各国充分利用自身的资源优势起到很好的促进作用。

第二，当今，虚拟水贸易已成为在全球范围内节约利用水资源的一种重要途径。虚拟水的量化有助于准确测算生产各种产品以及服务所需要的实际耗水量，为节约产品生产用水与服务用水、优化产业结构和贸易结构提供基于虚拟水概念的新思路，拓展了解决中国水资源短缺问题的选择范围，有利于水资源的优化配置与合理应用。

第三，运用联合国彭曼公式测算得出的中国－东盟农作物虚拟水贸易量表明，中国从东盟进口的农产品虚拟水主要以大米、木薯及水果等水资源密集型产品为载体，中国出口东盟的农产品虚拟水主要以水果、茶叶、木薯、香料等水资源密集型产品为载体。中国对东盟的农产品虚拟水进口量远远大于出口量，且贸易逆差持续扩大，双边农产品虚拟水贸易的实际状况印证了 H－O－V 模型。此外，中国对东盟农产品虚拟水贸易的出口结构合理，包括蔬菜、水果、茶叶、烟叶、油料、香料等；进口结构相对单一，主要是谷物中的大米、薯类中的木薯以及水果类。中国从东盟进口水资源密集型农产品较多，水资源要素是双边开展农产品虚拟水贸易及农产品贸易的重要比较优势来源。

第四，运用投入产出法测算得出的中国农业虚拟水贸易量表明，近年来，中国对新加坡、菲律宾、柬埔寨和文莱四个东盟国家的农业虚拟水贸易为顺差状况，而与马来西亚、缅甸、越南、印度尼西亚、泰国以及老挝六个东盟国家的农业虚拟水贸易均为逆差状况。中国在农业虚拟水进口方面对东盟的依赖性较强，进口国别主要为印度尼西亚、马来西亚、泰国和越南；中国农业虚拟水主要出口到马来西亚、印度尼西亚、越南和泰国等东盟国家，而与缅甸、老挝、柬埔寨、文莱等国的农业虚拟水贸易发展空间仍然很大。将中国－东盟农业虚拟水贸易与中国－东盟单一农作物虚拟水贸易的测算结果进行对比可知，中国与东盟农业虚拟水贸易的贸易逆差主要来源于双边农作物虚拟水贸易逆差，而不是来源于双边林、牧、副、渔等产品虚拟水贸易逆差。

第五，利用最小二乘法、固定效应估计以及 PPML 等方法对中国出口东盟农产品虚拟水的影响因素进行检验可知，首先，中国对东盟出口农产品虚拟水符合东盟水资源比较优势及中国农业劳动力资源比较优势，但却没有按照农业用地资源比较优势进行；其次，技术进步在中国对东盟农产品虚拟水出口中没有显著体现其作用；再次，中国农业生产的规模效应较小，在中国对东盟农产品虚拟水出口中的农产品产业集群尚未形成规模；最后，在价格因素及贸易成本因素等因素中，价格上涨对中国出口东盟农产品虚拟水起到促进作用；经济距离对中国出口东盟农产品虚拟水未体现显著的负相关，说明中国与越南、老挝、缅甸的贸易量没有明显比其他东盟国家更多。中国－东盟自由贸易区建立对双边农产品虚拟水贸易起到促进作用，而中国加入 WTO 则对中国出口东盟农产品虚拟水起到负向作用。

第六，利用倍差法以及极大似然法对中国－东盟农产品虚拟水的贸易效应进行检验发现，中国－东盟自由贸易区的建立促进了中国与东盟国家农产品虚拟水贸易的发展。中国－东盟自由贸易区给中国带来了贸易创造效应，而没有以任何贸易转移为代价。中国－东盟自由贸易区对中国的净贸易效应为 20.3%，因而对中国从东盟进口的农产品虚拟水量增长起着较大的促进作用，也改善了中国的贸易福利。

第七，中国－东盟农产品虚拟水贸易对中国的有利影响主要体现在：其一，中国－东盟农产品虚拟水贸易随着双边农产品贸易的扩大而扩大，同时，实施中国－东盟农产品虚拟水贸易策略也将有助于推动中国农业与农产品对外贸易的发展；其二，中国从东盟进口的农产品虚拟水量的逐年增长，有助于缓解国内人均水资源短缺、水资源时空分布不均、水资源供需矛盾突出、生产用水与生活用水紧张等问题，同时，提供了水资源迁移、储存和利用的新手段，促进了水资源管理观念的更新和节水意识的强化；其三，中国从东盟净进口谷物（如大米）及其虚拟水量的逐年增加，在有利于优化水资源区域配置、节约农业用水的同时，适度增加水资源密集型的大米等谷物的进口，对于维护国家粮食安全具有重要的战略意义；其四，实施中国－东盟农产品虚拟水贸易策略有利于减少国内淡水资源的过度开采，有利于改善水文生态环境保护状况。

第二节　相关建议

基于上述研究结论，本书提出以下六点建议。

一、高度重视农产品虚拟水贸易策略的水资源节约效应与区域调配效应

第一，中国农业用水管理应融入虚拟水贸易理念，从自然生态系统和社会经济系统两个维度综合利用水资源，并在水资源配置中引入市场机制，激发内生性节水动力，扩大水资源管理的决策范围及其实施空间。长期以来，中国农业用水价格普遍偏低，未能很好地体现稀缺性水资源的经济效用和社会价值，不利于形成虚拟水贸易策略的水资源节约效应。对此，应创新以水权、水市场理论为基础的水资源管理制度与综合协调机制，明晰农业水权，健全农业水价形成机制，加强水权市场建设，形成水资源价格的激励机制与约束机制，为虚拟水的量化及其价格机制的形成创造基础条件，更有效地体现虚拟水贸易的价值。

第二，实体水调运工程与虚拟水贸易策略兼容并举，充分发挥虚拟水贸易策略对于跨区域调配水资源的重要作用。中国水资源时空分布不均，南方水多，北方水少，区域性水资源短缺严重。近年来，"南水北调"工程在加大节水力度、治污力度和污水资源化的同时，正在逐步将实体水从水量相对充沛的长江流域调向水资源日益短缺的黄淮海流域。"南水北调"工程投资巨大，涉及水文地理、建设施工、征地移民、环境保护等一系列问题和挑战。因此，在科学调运实体水以缓解区域性水资源短缺的同时，根据不同地区的土壤状况、气候条件、水资源等因素，综合布局农作物种植品种、种植面积，适度平衡或减少北方地区高耗水农产品生产规模，发挥南方地区水资源禀赋的比较优势，通过北方缺水地区与南方富水地区的产品虚拟水贸易途径，缓解北方缺水地区的水资源短缺问题。

二、高度重视农产品虚拟水贸易策略对粮食安全的重要意义

中国人多地少，粮食生产受到土地资源和水资源的双重约束，随着

经济社会快速发展和全球气候变化，"人增地减水缺"的矛盾日益突出，粮食安全面临严峻挑战。适量的粮食进口有利于保障粮食安全，同时，虚拟水的输入缓解了"人增地减水缺"的矛盾，有利于资源保护和农业可持续发展。

第一，将"虚拟水要素"纳入国家粮食安全战略，制定虚拟水贸易的实施政策，进一步挖掘虚拟水贸易抵御、对冲粮食安全风险的潜力，拓展保障水安全与粮食安全的非生产工程途径。

第二，基于水资源要素禀赋条件扩大粮食进口国别。以水要素密集度较高的大米进口为例，2006~2010年，中国大米对外贸易保持净出口态势，但出口量逐年减少。2011年，大米进口量明显增加，而出口量持续减少，首次呈现净进口的态势，并保持至今。① 水资源要素丰裕的东盟国家是中国大米进口的主要来源地，2015年，中国从东盟净进口大米288.56万吨，同时，净输入大米隐含的虚拟水243.28亿立方米。2005年4月，中巴双边的输华大米植物卫生要求议定书签署以来，巴基斯坦逐步成为中国进口大米的主要原产国之一。根据中华人民共和国海关总署统计的数据，2015年，巴基斯坦对华出口大米44.26万吨，占同期中国进口大米总量的13.21%，居于越南（占比为53.56%）、泰国（占比为27.8%）之后，位居第三。这在一定程度上优化了中国大米进口的国别结构，同时，扩大了东盟以外的虚拟水输入的来源国。

第三，基于水资源要素禀赋条件优化粮食进口类别，防范自然灾害与进口价格因素对粮食安全的冲击。2015年1~9月，中国共进口小麦224.59万吨，同比下降20.92%；进口玉米453.39万吨，同比增长180.3%；进口稻米231.42万吨，同比增长26.7%。② 由此可见，各类谷物进口同比增降幅度波动差异很大，如小麦呈现较大幅度下降，玉米出现大幅增长，耗水量大的稻米进口增势明显。据此，谷物进口除了基于国内外价差增大、国内需求上升等市场因素以外，还可基于水资源密集

---

① 资料来源：赵铁阳，焦善伟.2015年国内稻米市场形势分析及展望［J］.《种业导刊》，2015（11）：5-8。

② 资料来源：南方小麦网，www.southwheat.com。

程度调整进口类别，适度增加水资源密集型的大米等谷物的进口，这对于在保证粮食安全的同时降低市场风险和政治风险具有重要意义。

三、进一步合理利用农产品比较优势

第一，进一步加大水土保持、退耕还林、退牧还草等生态保护的政策扶持，切实执行耕地占补平衡制度，完善水资源等的市场建设，理顺价格机制，大力提升水资源等自然资源的使用效率。同时，应进一步加大依法治理环境污染的力度，逐步恢复并提升自然生态环境质量。

第二，调整中国与东盟农产品贸易结构，不鼓励水资源密集型农产品的过度出口，而应鼓励现代农业产业链的整合，开发并出口技术密集型的高附加值农产品。应加大农业科技投入，不断提高农业生产的技术水平，将农产品比较优势由资源密集型逐步向技术密集型转化。

第三，大力发展农业规模经济。中国农业生产要再上新台阶，必须适度扩大经营规模，走农业现代化之路。农业生产规模过小，导致农业生产效率难以提高，农业经济效益低下，有能力、有知识以及年富力强的劳动力就会选择离开农业领域，进入其他产业。这使得农业劳动力结构呈现老年化与低技能化趋势，显然不利于农业发展，特别不利于农产品市场开拓与农业生产新技术、新品种以及新生产资料等要素的使用。现代农业发展需要与之相适应的现代农业生产组织者和生产者。老年化、低技能化的农业劳动力结构不改善，农业的粗放生产方式就难以改变。因此，适度扩大农业生产规模，是中国跨越刘易斯转折点后实现农业健康发展、保障粮食安全的关键，也有利于中国－东盟农产品贸易及农产品虚拟水贸易的增长。

第四，转变农业生产方式，必须改变农业的生产组织方式，培育发展新型农业经营主体。如，家庭农场、专业大户、农民合作社、"龙头"企业以及农业社会化服务组织，从而形成新的农业生产服务体系。应加强对农业劳动力的教育投入，使其逐步由数量型人力资本向质量型人力资本转变。

四、进一步优化中国与东盟农产品虚拟水贸易结构

第一，中国出口东盟的各类农产品虚拟水含量差别较大，其中，豆类单位需水量较低，但中国对东盟的出口量不大，而茶叶和香料属于水资源密集型产品，出口量却不小，这显然不利于缓解中国农业用水紧张问题。鉴于此，应适度扩大进口东盟大米及大米虚拟水的来源国，同时，增加进口东盟其他高耗水的农产品，例如，薯类以及水果等。在保持中国出口东盟农产品结构多元化的情况下，还需有效地降低出口农产品的用水量。中国单位用水的粮食产量不足 2.4 斤/立方米，而世界先进水平约为 4 斤/立方米。农产品的虚拟水含量还受到单位面积产量的影响，应根据农作物生产的资源条件，优化作物种植结构，提高农田灌溉用水效率和单位用水农作物产量，改变高耗水、高化肥投入的农业生产方式。通过推动农业产业化与规模化发展、加大农业科技投入等举措，提高农作物单位面积产量，降低对水资源的消耗。

第二，中国出口东盟的农产品耗水较多，一是作物生长期需水量较大；二是在灌溉过程中对水资源的浪费。此外，国内高耗水农产品供需不平衡也是进口的要因之一，而导致供需不平衡的因素包括种植面积不够、作物生长地水资源贫乏或者易受洪涝干旱的影响等。可根据不同地区的水资源状况、农作物需水程度以及种植要求，合理布局作物种植区域，引导农户扩大低耗水农产品的种植面积与种植品种。在加强农业用水社会化管理的同时，应实施相应的节水奖励政策，给予农业节水灌溉技术的用户以及低耗水农产品生产者适当补贴，促使中国农产品结构逐步向水资源消耗量低、水分价值高的目标调整。

第三，从中国-东盟农产品虚拟水贸易的动因来看，虽然水资源要素的丰裕程度决定了双边主要出口的产品种类以及双边农产品虚拟水的净流量，但我们发现，少数高耗水农产品，如，甘蔗和天然橡胶等的双边相互出口量均不大，甚至小于部分低耗水农产品。这一现象的启示是，除了水资源条件之外，产量差异、需求差异等也在一定程度上决定了双

边农产品贸易的种类和数量。可见，进一步优化中国－东盟农产品虚拟水贸易结构，除了基于水资源禀赋差异及其形成的比较优势这一主要决定因素之外，还需综合考虑双边农产品生产规模、需求结构、消费特征、稀缺资源价格等其他条件及其影响程度。

五、进一步加强 CAFTA 建设

第一，CAFTA 的建立对于双边农产品贸易以及农产品虚拟水贸易具有重要的促进作用。中国应基于与东盟长期形成的良好关系，进一步推进与各国的文化交流、互联互通、融资平台建设、产业合作以及货物通关便利化，旨在更好地维护与提升中国－东盟自由贸易区的平台作用，从而惠及双边经贸投资发展。

第二，经济距离是影响中国－东盟农产品虚拟水贸易的成本因素，根据中国与东盟各国的农产品贸易情况，应合理利用运输成本比较优势，进一步扩大与越南、老挝以及缅甸等国的边境贸易，另外，相较于中国－东盟自由贸易区外的主要贸易伙伴国，中国与其他东盟国家的地理距离均不太远。因此，与泰国、印度尼西亚、菲律宾以及马来西亚等国的农产品贸易量以及农产品虚拟水贸易量均不低于甚至高于越南、缅甸、老挝、文莱等国，说明在地理距离差距不太大的情况下，贸易成本的影响减弱，而经济发展水平和农业发展水平是决定双边农产品贸易以及农产品虚拟水贸易的关键因素之一。

六、有待进一步研究的问题

第一，进一步提高农产品贸易虚拟水量测算的精确性。在国际贸易已成为缺水国家（地区）调节水资源重要途径的大趋势下，农产品贸易虚拟水量测算的精确性愈加关键，其关乎准确判断不同地区农业种植结构与水资源供应能力是否均衡，从而为政策制定及其实施提供客观依据。目前，单一农作物虚拟水的测算，主要采用联合国的 Cowpat 软件，但该软件涉及的农作物主要以粮食作物为主、种类有限，并且，对农作物不同生长期的各种指标、参数的测算没有进一步细分。因此，为更准确地测算各地的农作物虚拟水量，还需要对各种农作物的获水量、蒸散量、生长周期特点、耕种模式和气候条件进行记录和系统调整。另外，农产品贸易虚拟水量的测算指标，还可运用于农、林、牧、经济、资源及环境等多个学科研究领域。关于牧、副、渔产品贸易的虚拟水量测算非常重要，不仅关系到中国－东盟农产品虚拟水贸易测算的精确性，同时，也更能充分反映农业产业内部虚拟水的具体情况。但目前，关于测算方法的研究非常有限，应予以重视。

第二，进一步观察、分析中国－东盟实施农产品虚拟水贸易策略存在的制约因素。中国和东盟国家（新加坡除外）的农业发展水平有限，农业增加值逐年降低，农产品对外贸易增长速度较慢。因此，农业增加值的变化与农产品贸易和农产品虚拟水贸易之间的关系值得深入研究。

第三，农产品生产需要投入相对较多的耕地及农用水等资源要素，而中国这两类要素的人均拥有量逐渐减少，可能导致农产品虚拟水出口量进一步下降。另外，中国农业劳动力持续减少，严重影响农业生产，不利于有效地实施农产品虚拟水贸易策略。因此，除了水、土地、气候、生物等自然资源以外，农业经济资源（包括农业人口、劳动力素质、农业基础设施、农业科技水平以及综合服务体系等）的合理开发和有效利用，也必然关乎中国－东盟农产品虚拟水贸易发展，需要进行理论层面与实践层面的深入研究。

参考文献

[1] 卞戈亚，陈康宁，戴兆婷，黄爱玉. 世界供水安全现状及其主要经验对我国供水安全保障的启示 [J]. 水资源保护，2014，30 (1)：68－73.

[2] 蔡武. 区域经济一体化与协调发展的理论及其发展 [J]. 中共成都市委党校学报，2012 (5)：30－35.

[3] 程国栋. 虚拟水：中国水资源安全战略的新思路 [J]. 中国科学院院刊，2004 (4)：60－65.

[4] [英] 大卫·格林纳韦著；冯雷译. 国际贸易前沿问题 [M]. 中译本，北京：中国税务出版社，1999.

[5] 邓楠. 向节水型经济转变是解决中国水资源问题的长期战略方针 [J]. 中国人口·资源与环境，1990 (3)：1－3.

[6] 董桂才. 虚拟水、虚拟水贸易理论研究综述 [J]. 技术经济，2007 (4)：85－89.

[7] 傅素英，张俊飚. 我国农业技术国际转移的竞争策略分析 [J]. 中国科技论坛，2008 (2)：97－101.

[8] 高秋杰，田明华，吴红梅. 贸易与环境问题的研究进展与述评 [J]. 世界贸易组织动态与研究，2011 (1)：57－62.

[9] 龚岚，韩贵新，江莹. 区域贸易协定组织的演化经济学分析 [J]. 中国软科学，2004 (11)：132－137.

[10] 龚新梅，吕光辉，桂东伟. 用虚拟水理论方法讨论新疆绿洲生态恢复与可持续发展 [J]. 干旱区资源与环境，2007 (5)：132－135.

[11] 郭界秀. 比较优势理论研究新进展 [J]. 国际贸易问题，2013 (3)：156－166.

[12] 郭燕贞，雷玉桃. 基于虚拟水污染负荷输入量的中国工业产品

出口结构分析［J］．水利经济，2011，29（3）：10 – 14，75.

［13］韩雪．我国主要农产品虚拟水流动格局及形成机理与维持机制［D］．沈阳：辽宁师范大学，2013.

［14］和夏冰，张宏伟，王媛，马水英．基于投入产出法的中国虚拟水国际贸易分析［J］．环境科学与管理，2011，36（3）：7 – 10.

［15］胡宝清，杨旺彬，邵晖．虚拟土安全战略及其在县域土地可持续利用中的应用——以广西都安和田东县对比分析为例［J］．热带地理，2006（2）：97 – 101.

［16］黄凯，王梓元，杨顺顺，金晨．水足迹的理论、核算方法及其应用进展［J］．水利水电科技进展，2013，33（4）：78 – 83.

［17］黄敏，黄炜．中国虚拟水贸易的测算及影响因素研究［J］．中国人口·资源与环境，2016，26（4）：100 – 106.

［18］黄晓荣，裴源生，梁川．宁夏虚拟水贸易计算的投入产出方法［J］．水科学进展，2005（4）：564 – 568.

［19］纪尚安，周升起．虚拟水和虚拟水贸易研究综述［J］．科技信息（学术研究），2008，260（12）：65 – 66.

［20］靳军英，张爱静，袁玲．虚拟水在我国水资源优化配置中的应用［J］．西南师范大学学报（自然科学版），2011，36（4）：205 – 210.

［21］柯兵，柳文华，段光明，严岩，邓红兵，赵景柱．虚拟水在解决农业生产与粮食安全问题中的作用研究［J］．环境科学，2004（2）：32 – 36.

［22］黎东升，熊航．基于主要国家截面数据的虚拟水进口影响因素实证分析［J］．生态经济，2011，242（8）：111 – 113.

［23］李锋，王春月．虚拟水贸易视角下的水资源安全研究综述［J］．河海大学学报（哲学社会科学版），2014，16（2）：49 – 54，91.

［24］李辉文，董红霞．现代比较优势理论：当代国际贸易理论的理论基准［J］．国际经贸探索，2004（2）：11 – 15.

［25］李吉玫，徐海量，叶茂，宋郁东．塔里木河流域2003年虚拟水计算初探［J］．水土保持通报，2007，158（3）：88 – 92.

［26］李如月，冷建飞．我国不同区域农产品虚拟水消费收敛性及影响因素分析［J］．山西农业科学，2016，44（5）：703－706，710.

［27］李文秀，姚洋洋．要素比例、技术差异与出口增加值——基于中美两国双边贸易出口的实证研究［J］．财贸经济，2015，403（6）：98－111.

［28］李想，张兴华．虚拟水在我国水资源管理领域的应用和探讨［J］．中国环保产业，2014，189（3）：48－50.

［29］刘宝勤，封志明，姚治君．虚拟水研究的理论、方法及其主要进展［J］．资源科学，2006（1）：120－127.

［30］刘红梅，李国军，王克强．中国农业虚拟水国际贸易影响因素研究——基于引力模型的分析［J］．管理世界，2010，204（9）：76－87，187.

［31］刘红梅，王克强，刘静．国际农业虚拟水贸易国别研究［J］．农业经济问题，2007，333（9）：96－100.

［32］刘幸菡，吴国蔚．虚拟水贸易在我国农产品贸易中的实证研究［J］．国际贸易问题，2005，15（9）：10－15.

［33］刘妍．虚拟水贸易及其作用［J］．生态经济（学术版），2007，189（2）：147－149.

［34］刘渝．区域间农产品虚拟水贸易的驱动机制分析［J］．中国农村水利水电，2015，392（6）：40－42.

［35］柳文华，赵景柱，邓红兵，丘君，柯兵，张巧显．水—粮食贸易：虚拟研究进展［J］．中国人口·资源与环境，2005（3）：129－134.

［36］龙爱华，徐中民，张志强，苏志勇．甘肃省2000年水资源足迹的初步估算［J］．资源科学，2005（3）：123－129.

［37］罗贞礼．基于虚拟土视角下区域土地资源的可持续利用管理探讨［J］．国土资源导刊，2006（2）：17－20.

［38］吕宏芬，郑亚莉．对中国—智利自由贸易区贸易效应的引力模型分析［J］．国际贸易问题，2013，362（2）：49－57.

［39］马承新，王维平，刘品．山东省虚拟水贸易问题研究——基于投入产出分析方法［J］．中国农村水利水电，2012，352（2）：149－152.

［40］马静，汪党献，Hoekstra A. Y. 虚拟水贸易与跨流域调水［J］．中国水利，2004（13）：37－39.

［41］马胜伟，何元贵．全要素生产率对出口贸易的影响——基于广东省的实证分析［J］．工业技术经济，2010，29（3）：92－96.

［42］马玉波．中国对俄初级农产品贸易中的虚拟水概算［J］．干旱区资源与环境，2016，30（4）：36－39.

［43］马忠，张小霞．基于投入产出分析的虚拟水研究综述及展望［J］．环境科学与管理，2015，40（9）：20－24.

［44］梅燕，沈浩军．基于投入产出法的浙江省虚拟水贸易实证分析［J］．技术经济，2013，32（9）：79－86.

［45］欧玉芳．比较优势理论发展的文献综述［J］．特区经济，2007，224（9）：268－270.

［46］秦丽杰，邱红，陶国芳．粮食贸易与水资源安全［J］．世界地理研究，2006（1）：44－49.

［47］施宜，李磊．熵权理论在虚拟水中的应用［J］．科技与管理，2007，42（2）：16－18.

［48］宋岩，侯铁珊．关税同盟理论的发展与福利效应评析［J］．首都经济贸易大学学报，2005（2）：54－59.

［49］宋岩，侯铁珊．区域贸易协定成员国社会福利效应的纳什均衡分析［J］．财经问题研究，2006（1）：14－18.

［50］孙才志，陈丽新．我国虚拟水及虚拟水战略研究［J］．水利经济，2010，28（2）：1－4，75.

［51］谭圣林，邱国玉，熊育久．投入产出法在虚拟水消费与贸易研究中的新应用［J］．自然资源学报，2014，27（2）：355－364.

［52］田贵良，吴茜，许长新．基于虚拟水理论的南水北调受水区水价补偿标准研究［J］．中国水利，2014，No. 740（2）：14－16.

［53］田旭，耿涌，马志孝，董会娟，吴瑞，刘文婧．中国对外贸易

中隐含流研究综述［J］. 生态经济，2015，31（7）：27－32.

［54］王春月，李锋. 国际贸易视角下的虚拟水贸易博弈分析［J］. 水利经济，2013，31（4）：23－26，74.

［55］王连芬，张敏. 虚拟水流动差异测算与贸易策略选择——基于长江中下游五省的数据［J］. 财经理论与实践，2012，33（1）：114－118.

［56］王世军. 比较优势的学术渊源的评述［J］. 杭州电子科技大学学报，2006（3）：99－106.

［57］王玮，康紫薇. 基于水资源合理利用与保护的可持续发展研究［J］. 河南科技，2015（11）：176－177.

［58］王雪妮. 基于区域间投入产出模型的中国虚拟水贸易格局及趋势研究［J］. 管理评论，2013（7）：46－54.

［59］王亚. 广东省对香港地区虚拟水贸易研究［D］. 广州：中山大学，2016.

［60］王勇. 全行业口径下中国区域间贸易隐含虚拟水的转移测算［J］. 中国人口·资源与环境，2016（4）：107－115.

［61］吴普特，高学睿，赵西宁，王玉宝，孙世坤. 实体水－虚拟水"二维三元"耦合流动理论基本框架［J］. 农业工程学报，2016（6）：117－123.

［62］吴争程. 福建省虚拟水贸易分析［J］. 泉州师范学院学报，2007（4）：83－87，107.

［63］吴志峰，胡永红，李定强. 城市水生态足迹变化分析与模拟［J］. 资源科学，2006（5）：152－156.

［64］吴中凯. 我国工业部门虚拟水贸易分析［D］. 大连：东北财经大学，2016.

［65］向国成，韩绍凤. 综合比较优势理论：比较优势理论的三大转变——超边际经济学的比较优势理论［J］. 财贸经济，2005（6）：76－81，97.

［66］项学敏，周笑白，康晓林. 大连市旅顺口区与经济技术开发区

水足迹初步研究［J］．大连理工大学学报，2009（1）：94 - 96.

［67］谢建国．多边贸易自由化与区域贸易协定［J］．世界经济，2003（12）：25 - 33，80.

［68］徐长春，陈阜．"水足迹"及其对中国农业水资源管理的启示［J］．世界农业，2015（11）：38 - 44.

［69］杨阿强，刘闯，赵晋陵，于伯华．中国与东盟农产品贸易虚拟水概算［J］．资源科学，2008（7）：999 - 1003.

［70］杨春，韩正清．农产品虚拟水实证研究［J］．重庆工商大学学报（社会科学版），2016（3）：25 - 31.

［71］杨志锋．虚拟水研究进展［J］．水利水电科技进展，2015（5）：181 - 190.

［72］张敦强．虚拟水：缓解中国水短缺的新途径［J］．中国水利，2004（8）：83 - 85.

［73］张洁宇．虚拟水视角下区域产业结构的优化路径［J］．水利发展研究，2016（1）：33 - 36.

［74］张士军，宋春丽．虚拟水贸易和中国贸易资源观的战略选择［J］．湖南农机，2007（1）：94 - 95.

［75］张雄化．水资源利用效率与虚拟水国际贸易关系分析［J］．云南社会科学，2015（1）：66 - 70.

［76］张志强，程国栋．虚拟水、虚拟水贸易与水资源安全新战略［J］．科技导报，2004（3）：66 - 73.

［77］郑和祥，李和平，杨燕山，白巴特尔，佟长福．基于产业结构优化的鄂尔多斯市虚拟水贸易研究［J］．干旱区资源与环境，2016（3）：50 - 55.

［78］支援．流域虚拟水战略研究及展望［J］．山地农业生物学，2014（1）：69 - 75.

［79］周姣，史安娜．我国区域间虚拟水贸易的前瞻思考［J］．华东经济管理，2009（6）：37 - 40.

［80］任国勇．基于虚拟土战略看喀斯特地区农业可持续发展［J］．

安徽农业科学, 2010, 38 (11): 5797 – 5799.

[81] 朱启荣, 高敬峰. 中国对外贸易虚拟水问题研究——基于投入产出的分析 [J]. 中国软科学, 2009 (5): 44 – 45, 88.

[82] 朱启荣, 孙雪洁, 杨媛媛. 虚拟水视角下中国农产品进出口贸易节水问题研究 [J]. 世界经济研究, 2016 (1): 87 – 98, 137.

[83] 朱志强. 江苏省产业虚拟水出口贸易变动及其驱动因子研究 [J]. 水资源与水工程学报, 2016 (2): 69 – 75.

[84] Allan J. A. Hydro-peace in the middle east: Why no water wars? A case study of Jordan river basin [J]. *SAIS Review*, 2003 (2): 119 – 133.

[85] Allan J. A. Virtual water: A strategic resources. Global solutions to 540 the regional deficits [J] . *Ground Water*, 1998, 36 (4): 545 – 546.

[86] Allan J. A. Fortunately there are substitutes for water otherwise our hydro-political futures would be impossible [C]. *Priorities for Resources Allocation and Management*, 1993 (3): 149 – 177.

[87] Anderson J. E. , Wincoop E. V. Trade costs [J]. *Journal of Economic Literature*, 2004, 42: 691 – 751.

[88] Balassa B. The changing pattern of comparative advantage in manufactured goods [J]. *Review of Economics and Statistics*, 1979, 61: 259 – 266.

[89] Berrittella M. , Hoekstra A. Y. , Rehdanz K. , Roson R. , Tol R. S. J. The economic impact of restricted water supply: A computable general equilibrium analysis [J]. *Water Res*, 2007, 42: 1799 – 1813.

[90] Bodini A. , Bondavalli C. Towards a sustainable use of water resources. Int. J. Environ [J]. *Pollut*, 2002, 18: 463 – 485.

[91] Chapagain A. K. , Hoekstra A. Y. Virtual water flows between nations in relation to trade in livestock and livestock products: Value of water research report series 13: unesco-ihe: Delft [J]. *The Netherlands*, 2003, 24: 152 – 181.

[92] Chapagain A. K. , Hoekstra A. Y. Virtual water trade: A quantification of virtual water flows between nations in relation to international trade of

livestock and livestock products [J]. *Virtual Water Trade: Proceedings of the International Expert Meeting on Virtual Water trade (No. 12). IHE Delft*, 2003, 28: 121 – 153.

[93] Choi Y. , Krishna P. The factor content of bilateral trade: An empirical test [J]. *The Journal of Political Economy*, 2004, 112: 887 – 914.

[94] Costinot A. I. Komunjer. What goods do countries trade? New ricardian predictions [D]. NBER Working Paper, 2007: 128: 675 – 711.

[95] Davis D. , Weinstein D. E. An account of global factor trade [J]. *The American Economic Review*, 2001, 91: 1423 – 1453.

[96] Davis D. R. , Weinstein D. E. An account of global factor trade [J]. *Journal of Political Economy*, 1998, 88 (5): 589 – 610.

[97] Dietzenbacher E. , Velazquez E. Analyzing andalusian virtual water trade in an input-output framework [J]. *Regional Stud*, 2007, 41 (2): 185 – 196.

[98] Fath B. D. Network mutualism, Positive community-level relations in ecosystems [J]. *Ecol. model*, 2007, 208: 56 – 67.

[99] Fath B. D. , Patten B. C. Review of the foundations of network environment analysis [J]. *Ecosystems*, 1999, 2: 167 – 179.

[100] Grossman, Gene M. , Helpman, Elhanan. *Comparative advantage and long-run growth* [M]. Elgar reference collection. globalization of the world economy series, vol. 20. Cheltenham, U. K. and Northampton, Mass. : Elgar, 2008, 20: 131 – 166.

[101] Grossman G. , E. Helpman *Innovation and growth in the global economy* [M]. Cambridge: MIT press, 1991.

[102] Guan D. , Hubacek K. Assessment of regional trade and virtual water flows in China [J] . *Ecol. Econ*, 2006, 61 (1): 159 – 170.

[103] Hanasaki, Naota, Toshiyuki Inuzuka, Shinjiro Kanae, and Taikan Oki. An estimation of global virtual water flow and sources of water withdrawal for major crops and livestock products using a global hydrological model

[J]. *Journal of Hydrology* (*Amsterdam*), 2010, 384 (3/4): 232 – 244.

[104] Harrigan J. Technology, Factor supplies, and international specialization: Estimating the neoclassical model [J]. *The American Economic Review*, 1997, 87: 475 – 494.

[105] Hoekatra A. Y., Chanpagain A. K. Water footprints of nations [J]. *Water Use by People as a Function of Their Consumption Pattern*, 2007, 21: 151 – 173.

[106] Hoekstra A. Y., Chapagain A. K., Savenije H. G. The water footprint of cotton consumption [J]. *An Assessment of the Impact of Worldwide Consumption of Cotton Products on the Water Resources in the Cotton Producing Countries*, 2003, 60: 574 – 589.

[107] Hoekstra A. Y., Ed. Virtual water trade [J]. *Proceedings of the international expert meeting on virtual water trade*; *value of water research report series* 12; *Unescoihe*: *Delft*, *The Netherlands*, 2003, 62: 176 – 183.

[108] Karshenas S., Rahul S. Virtual water trade [J]. *In dairy economy irrigation water productivity in gujarat*, 1995 (7): 141 – 158.

[109] Konar M., Dalin C., Suweis S., Hanasaki N., Rinaldo A., Rodriguez-Iturbe I. Water for food [J]. *The global virtual water trade network. Water resource. Res*, 2011, 47 (5): 181 – 199.

[110] Kumar M. D., Singh O. P. Virtual water in global food and water policy making: is there a need for rethinking? [J]. *Water Resource Manage*, 2005, 19: 759 – 789.

[111] Lai H., Zhu S. Technology, endowments, and the factor content of bilateral trade [J]. *Journal of International Economics*, 2008, 71: 389 – 409.

[112] Lant C. L. Water footprints of nations [J]. *Water use by people as a function of their consumption pattern*, 2007, 21: 167 – 188.

[113] Lant C. L. Water footprints of nations [J]. *Water use by people as a function of their consumption pattern*, 2007, 21: 432 – 451.

[114] Leontief W. W. Domestic production and foreign trade; the Ameri-

can capital position re-examined [J]. *Proceedings of the American Philosophical Society*, September, 1953, 97 (4): 332 – 349.

[115] Li Y. , Chen B. , Yang Z. F. Ecological network analysis for water use systems-A case study of the Yellow River Basin [J]. *Ecological Modelling*, 2009, 220 (22): 3167 – 3173.

[116] Mao, Xufeng, and Zhifeng Yang. Functional assessment of interconnected aquatic ecosystems in the Baiyangdian Basin-an ecological-network-analysis based approach [J]. *Ecological Modelling*, 2011, 222 (23 – 24): 3811 – 3820.

[117] Maskus K. E. , Nishioka S. Development-Related biases in factor productivities and the H – O – V model of trade [J]. *Canadian Journal of Economics*, 2009, 42: 519 – 553.

[118] Morrow P. M. , Ricardian-Heckscher-Ohlin comparative advantage: Theory and evidence [J]. *Journal of International Economics*, 2010, 82: 137 – 151.

[119] Yang, Hong, and Alexander J. B Zehnder. Water scarcity and food import: a case study for southern mediterranean countries [J]. *World Development*, 2002, 30 (8): 1413 – 1430.

[120] Oki T. , Sato M. , Kawamura A. , Miyake M. , Kanae S. , and Musiake K. . Virtual water trade to Japan and in the world [J]. *In: Hoekstra, A. Y. (Ed.), Virtual Water Trade: Proceedings of the International Expert Meeting on Virtual Water Trade, Research Report Series. IHEDelft, The Netherlands*, 2003 (12): 221 – 233.

[121] R. Vanham. An assessment of the virtual water balance for agricultural products in EU river basins [J]. *Water Resources & Industry*, 2013, s1 – 2: 49 – 59.

[122] R. Zhang, L. D. Anadon A multi-regional input-output analysis of domestic virtual water trade and provincial water footprint in China [J]. *Ecological Economics*, 2014, 100 (2): 159 – 172.

[123] Ramirez-Vallejo J. , Rogers P. Virtual water flows and trade liber-alization [J]. *Water Sci. Technol*, 2004, 49 (7): 25－32.

[124] RJHV Gerven, T. Ferguson, R. W. Skelton. Acute stress switches spatial navigation strategy from egocentric to allocentric in a virtual morris water maze [J]. *Neurobiology of Learning & Memory*, 2016, 132: 29－39.

[125] Romalis J. Factor proportions and the structure of commodity Trade [J]. *The American Economic Review*, 2004, 94: 67－97.

[126] Rosa Duarte, Vicente Pinilla and Ana Serrano. The effect of glo-balization on water consumption: A case study of the Spanish virtual water trade, 1849~1935 [J]. *Ecological Economics*, 2014, vol. 100, issue C, pages 96－105.

[127] S. Clark, P. Sarlin, A. Sharma, S. A. Sisson. Increasing depend-ence on foreign water resources? An assessment of trends in global virtual water flows using a self-organizing time map [J]. *Ecological Informatics*, 2015, 26: 192－202.

[128] Shikher S. Capital, Technology, and Specialization in the Neoclassi-cal Model [J]. *Journal of International Economics*, 2011, 83: 229－242.

[129] Suweis S. , Konar M. , Dalin C. , Hanasaki N. , Rinaldo A. , Rodriguez-Iturbe, I. Structure and control of the global virtual water trade net-work [J]. *Geophys. Res. Lett*, 2011, 38: 178－190.

[130] Trefler D. The case of the missing trade and other mysteries [J]. *The American Economic Review*, 1995, 85: 1029－1046.

[131] Trefler D. International factor price difference: Leontief was right! [J]. *Journal of Political Economy*, 1993, 101 (6): 961－987.

[132] Ulanowicz R. E. , Tuttle J. H. The strophic consequences of oyster stock rehabilitation in Chesapeake Bay [J]. *Estuary*, 1992, 15: 298－306.

[133] Wichelns D. The policy relevance of virtual water can be enha-nced by considering comparative advantages. Agric [J]. *Water Manage*, 2004, 66: 49－63.

[134] Yang H. , Wang L. , Abbaspour K. C. , Zehnder A. J. B. Virtual water trade: An assessment of water use efficiency in the international food trade. Hydrol [J]. *Earth Syst. Sci*, 2006 (10): 443 – 454.

[135] Zeitoun M. , Allan J. A. , Mohieldeen Y. Virtual water 'flows' of the Nile Basin, 1998 – 2004: A first approximation and implications for water security [J]. *Global Environ. Change*, 2010, 20 (2): 229 – 242.

[136] Zhang Y. , Yang Z. F. , Fath B. D. Ecological network analysis of an urban water metabolic system: Model development, and a case study for Beijing [J]. *Sci. Total Environ*, 2010, 408: 4702 – 4711.

[137] Zhao X. , Chen B. , Yang Z. F. National water footprint in an input-output framework-A case study of China 2002 [J]. *Ecol. Model*, 2009, 220: 245 – 253.

[138] Zhao X. , Yang H. , Yang Z. F. , Chen B. , Qin Y. Applying the input-output method to account for water footprint and virtual water trade in the Haihe River basin in China. Environ [J]. *Sci. Technol*, 2010, 44 (23): 9150 – 9156.

[139] Zimmer D. , Renault D. Virtual water in food production and global trade: Review of Methodological Issues and Preliminary Results [C]. Proceedings of the International Expert Meeting on Virtual Water Trade, Value of Water-Research Rapport Series, 2003 (12): 93 – 109.